SPORTS
PERSPECTIVE
SERIES

スポーツ産業論

相原正道／庄子博人／櫻井康夫［著］

晃洋書房

は じ め に

読み進めればわかるシリーズの発行理由
　高等教育機関における研究教育開発を促進させるため，スポーツ科学における知の創造および学生の理解度向上させるため，「読みすゝめればわかる教科書——SPORTS PERSPECTIVE SERIES——」を創刊した．
　ある経済学者とAO入試の面接官をしていた時に「数学の教科書ってすごいんやでぇ．読み進めればわかるねん」と言われ，なるほどと感嘆したことに端を発している．
　なるほど，数学の数式のように整理され，理論的に順序だてて文章が構成されていれば非常に効率的だ．読み進めればわかる教科書をということで，SPORTS PERSPECTIVE SERIESの編集方針を「読みすゝめればわかる教科書」とした．読み進めれば理解できるようになる文章は大切だ．そのような文章を書ける人はごく一部の人に限られる．頭が整理されていて，なおかつ現代語に精通している人である．
　理論派と称される方にありがちなのは，大学生への教育視点が抜けている点である．難解な日本語を多用しすぎるきらいがある．そういう教育者に限って，昔の大学生は学力が高かったと嘆くばかりである．例示が古過ぎて学生が知らないことが多いのはお構いなしである．もう1つ付け加えるならば，学生が知らないという反応を講義中に感じられない人である．当世風に言えば，空気読めない人である．大学生はいつだって現代の若者という新鮮な"今"という風を教室に吹き込んでくれる．この空気感こそが研究・教育者にとってこの上なく（イノベーション・創造性などにおいて）貴重なものだと考える．難解な理論を現代の大学生にわかるレベルまで整理して説明できるのも教育者としての力量が問われてくる部分だと思うのだが．こうした方々には，初心に立ち戻り教育

研究をした方がよろしいとアドバイスしたいものである．

ただ，学生にも度を過ぎた学生がいるのも事実であることもしかと明記しておきたい（笑）．

この本の構成

本書において，第1章では，私（大阪経済大学 相原正道）が，あらゆるモノがネットにつながるIoTやAI（人工知能）というデジタル技術が，ものづくりの生産現場まで進展している第4次産業革命を題材としている．構成として，先ず，第1次産業革命から第4次産業革命に至るまでの歴史的経緯を紐解き，第4次産業革命におけるIoTとAIというデジタル技術の進展について概略している．デジタル技術を用いて，躍進する米国IT企業の規模を株式市場における時価総額で日本企業と比較している．第4次産業革命の進展により，自動車産業と家電産業の融合が加速していることを記述している．第4次産業革命における最先端事例として，医療福祉産業に焦点を当てている．ゲノム編集技術の向上により開発競争が促進している．スポーツ産業における第4次産業革命の事例として，アディダスの「スピードファクトリー」を注視している．工場における市場投入までの開発スピードが従来よりも大幅に速くなっている理由を解説している．また，スタジアムやアリーナにおけるIoTとAI技術を使用したビッグデータを分析する分類法について，4つに区分し定義している．

第2章では，同志社大学の庄子博人先生が，日本のスポーツ産業動向を解説している．日本におけるスポーツ産業の経済規模と雇用者数から経済推計をまとめている．財務については，財務3表の関係性，貸借対照表，損益計算書，ROEとROAなどについて詳細に説明している．最後に，スポーツ企業の財務状況，スポーツ用品メーカー各社の特徴およびスポーツ用品ビジネスの特殊性と困難性について記述している．

第3章では，大阪経済大学の櫻井康夫先生が，フィットネス産業について解説している．フィットネス業界の動向からフィットネス産業の領域を明らかに

した後で，フィットネスクラブの特徴とビジネスについて説明している．また，フィットネスクラブのマネジメントとして，マーケティングやサービス基準，サービスと経営のバランスなどをまとめ，成功に導く3つのNを示唆している．最後にフィットネスクラブの人材育成として，キャリアアップとリーダーの資質を述べてから，マネジメント層に求められる要件や良い組織の条件を記述している．健康と幸福の関係やフィットネス業界の可能性についても述べられており，多岐にわたる内容となっている．

　世界は14世紀以降，それまでの農村社会に手工業社会（家内制手工業）を重ねてきた．それが劇的に変化したのが，18世紀後半に英国で第1次産業革命が起こってからである．
　産業革命は1世紀をかけて世界に広まり，工業社会を出現させた．19世紀前半には，鉄道が出現し，工場も機械化され，情報社会が形成された．
　第4次産業革命時代が到来し，学生は今までとはまったく違う世界を生き抜いていかなければならない．20世紀の資本主義は人と設備が中心だった．21世紀のデータキャピタリズムはデータを軸に企業が富を生み出す．自己資本利益率（ROE）同様，ROD（Return On Data）の発想が問われる．今，産業界の地殻変動が起きているのである．
　2018年春に大学を卒業し23歳になる新入社員が65歳で退職するのが2060年．政府推計によると，日本の総人口は3300万人減少し，総人口は9280万人まで減少するのである．日本政府は2020年までに，第4次産業革命を進め，30兆円市場を創出する方針である．AI（人工知能）を組み込んだ自動運転やドローン飛行などの次世代技術の実用化で日本企業の国際競争力を保てるかが課題となる．学生はある会社に就職するというよりも第4次産業革命の市場に就職するのだと考えておいた方がよい．
　思い起こせば，忠臣蔵において赤穂藩主（現在の兵庫県）の浅野内匠頭が，葬式や接待を司る吉良上野介を江戸城は松の廊下で切りつけたのは，今の暦だと

1701年4月21日のことであった．浅野内匠頭は取り押さえられ，その日のうちに幕府からの切腹を命ぜられる．殿中における刃傷沙汰の一報を家臣2人が国元に伝えた．とはいえ，6人がかりの早籠を宿場ごとに替え，約620kmの道のりの走破に4日半かかっている．その半日後には，「殿，切腹」との第2報がもたらされている．芝居などでは，命がけで揺られ続け，やつれ果てた姿で語られる迫真の内容である．

　それから3世紀余りが経過し，情報の伝わる速度や量は当時の次元とははるかに異なる．松の廊下の事件を伝える一報ならば，一瞬で電話やEメールで報告できる．世界で1年間に生み出されるデータ量はギガ（10億）の1兆倍に相当する「ゼタ」バイトの規模に達している．しかも個人が手のひらで受信できることから，フェイクニュースや誤った情報が公然と巷に流れ，瞬く間に広がる事例も格段に増えている．差別感情をあおって分断を図ったり，他国の品位を貶めたりする勢力も目立つ．嘘の方が拡散しやすい点を悪用するから厄介だ．関心を引きたいために，災害や選挙といった暮らしの重大事にわざと嘘報をアップしたりする困りものも存在する．データの世紀における日常生活において，早くも厄介なことが発生している．

　ITリテラシー教育が一層重要視されることになるだろう．データの世紀は始まっている．データの渦に巻き込まれるも，乗りこなすのも自分自身である．ピンチとするもチャンスとするも自分自身であることを認識しておこう．

　　2018年9月

　　　　　　　　　　　　　　　　　　　　　　　　　相　原　正　道

スポーツ産業論──目次

はじめに

1 第4次産業革命 …………………………………………………… 1

1. 第4次産業革命の時代が到来　(1)

IoTやAIを活用した新産業の創出／IoTとAIの進化／米国株式市場における時価総額トップ5はIT企業のみ／21世紀はデータの時代／自動車産業と家電産業が融合する時代が到来

2. 第4次産業革命がもたらす変化　(9)

日本における自動車産業構造／自動車産業とモータースポーツ／第4次産業革命における医療・福祉産業／ドイツの「インダストリー4.0」の最先端事例──アディダスのスピードファクトリー──／スタジアム・アリーナにおけるビッグデータの4分類法／日本における第4次産業革命の可能性／第4次産業革命における大学生

2 スポーツ産業論 ………………………………………………… 31

1. 日本のスポーツ産業の動向　(31)

2. 日本スポーツ産業の経済推計　(36)

3. 財　　務　(40)

財務3表の関係性／貸借対照表（バランスシート：BS）／損益計算書（Profit and Loss：PL）／ROEとROA

4. スポーツ用品製造業　(48)

スポーツ用品ビジネスの特殊性と困難性／スポーツ企業の財務状況／スポーツ用品メーカー各社の特徴

v

3 フィットネスクラブ産業論 …… 61

1. フィットネス産業の領域　(61)

フィットネス業界の動向／フィットネスクラブの特徴／フィットネスクラブのビジネス

2. フィットネスクラブのマネジメント　(72)

フィットネスクラブのマーケティング／フィットネスクラブのサービス基準／サービスと経営のバランス／成功に導く3つのN

3. フィットネスクラブの人材育成　(83)

キャリアアップとリーダーの資質／マネジメント層の要件／良い組織の条件／健康と幸福の関係／フィットネス業界の可能性

おわりに　(107)
　──ITと映画──

1 *sports industry*
第4次産業革命

1. 第4次産業革命の時代が到来

IoTやAIを活用した新産業の創出

　IoT（インターネットオブシングス）やAI（人工知能）を使って新しい産業を生み出す第4次産業革命が注目を集めている．第4次産業革命という考え方は，ドイツで生まれた．米国では，インダストリーインターネットともいう．デジタルやネットの技術でものづくりの効率化や高度化を推進するのが目的である．

　18世紀後半に始まった第1次産業革命では，紡績機，蒸気機関，鉄道などが英国で開発された．19世紀末から20世紀の初頭の第2次産業革命は，電球，発電所，大量生産，T型フォードなどが米国で発明された．第1次・第2次産業革命は，ものづくりの革命であったといえる．20世紀後半の第3次産業革命は，半導体，コンピュータ，パソコン，インターネットなどが米国で開発され，デジタル技術の革命であった．今回の第4次産業革命は一段と進化したデジタル技術とものづくりの技術が融合して始まった．さらに，生命を操るバイオ技術もデジタルやものづくりの技術に融合しつつある[1]．

　最初の産業革命が日本に伝わるのに100年以上の時間がかかった．第2次産業革命の主役は電気だったが，100年以上経過した今も世界の10億人以上は電気のない生活を送っている．一方，第4次産業革命の先駆けともいえるスマートフォンは電気の通わない地域にも急速に広がっている．これまでの産業革命

表1-1　産業革命の概略

年代	名称	開始国	開発品
18世紀後半	第1次産業革命	英国	紡績機, 蒸気機関, 鉄道など
19世紀後半	第2次産業革命	米国	電球, 発電所, 大量生産, T型フォードなど
20世紀後半	第3次産業革命	米国	半導体, コンピュータ, パソコン, インターネットなど
21世紀初頭	第4次産業革命	ドイツ	IoT, AI, 3Dプリンター, 量子コンピュータなど

(出所) 筆者作成.

と違い，技術と伝播のスピードが格段に速いため，今回の産業革命は世界中をほぼ同時に巻き込んで進み，多くの人に様々な恩恵をもたらしつつある．

宇宙からは，モノの動きを見逃すまいと人工衛星の「目」が光る．港のタンカーの出入りやスーパーの駐車場の稼働状況から，公式情報より早く経済の動向を予測し，データを駆使するヘッジファンドが利益を上げる．ネットの検索履歴や車の走行情報が新サービスを生み，データがマネーを動かしている．

20世紀の資本主義は人と設備が中心だった．21世紀のデータキャピタリズムはデータを軸に企業が富を生み出す．自己資本利益率 (ROE) 同様, ROD (Return On Data) の発想が問われる．今，産業界の地殻変動が起きている．20世紀は大量生産による画一的なサービスが通用したが，21世紀は違う．刻々と変わる顧客ニーズに柔軟にこたえる経営が重要である．大量生産から多品種少量生産へ移行する．つまり，規模の経済からマスカスタマイゼーションに移行するのである．データから世の中の動向を正確につかみ，迅速な意思決定を図ることが重要である．

IoTとAIの進化

米国GE（ゼネラル・エレクトリック）は，ジェットエンジンや発電装置などにセンサーを取り付け，大量のデータを収集し，それを分析することで故障などを予測することに成功した．人間相手のビジネスをサイバー空間で変革したのが，これまでのネット革命だとすると，機械や装置などの現実空間をネットで変えつつあるのだ．米国調査会社IDCによると，インターネットに接続する機

器の数は，2020年に300億個に達するという．接続相手が人間ならば，80億人が上限となるが，モノの接続となると，2020年には，300億個と3.75倍の総数となる．製造業が対象とするデータは，シリコンバレー型企業が得意とする消費者に関するデータではなく，生産行動，つまり製品を生み出すプロセスに関するデータであるという点である．消費データと生産データでは，データが持つ価値という視点で大きく扱いが異なる．消費データは単体では価値がほとんどないが，大量に集め処理することで，消費者ニーズなど価値ある情報を取り出すことができる．一方，生産データは価値そのものを生み出すプロセスの一部といえる．3Dプリンターの出現で，生産データがもつ価値の意識がさらに高まった[2]．

　大量のデータが発生すれば，クラウドや高速通信技術の分析が必要となる．そこで，AIが登場したのである．大量のデータを分析すれば，一種の法則性を見出すことができる．ディープラーニング（深層学習）と呼ばれているAIの学習方法である．生み出されるデータは膨大で種類も多岐にわたるほど，高度な解析によってデータの価値を引き出すのにAIは強力な武器となる．

　AI研究の発展過程は，主に3段階に分類できる．1956年に米国のジョン・マッカーシー博士が人によく似た判断や学習ができる可能性を信じ「AI」と名付けた．1960年代は迷路やパズルをクリアする探索推論が技術の中心だった．プログラマーが組み立てた通りのコンピュータが処理する単純なもので，応用範囲が狭いということがわかり終息した．1980年代になり，「エキスパートシステム」と呼ぶAIが流行した．人が大量のデータを与え，その中から答えを導き出す．「専門家（エキスパート）を代行できる」と期待され名付けられた．通商産業省（現：経済産業省）は，500億円以上をつぎ込んだが，初めての問題には対応できずうまくいかなかった．第3次は，2012年，カナダのトロント大学のジェフリー・ヒント教授らのチームが，自らの学習を繰り返すディープラーニング（深層学習）を活用し，画像認識コンテストで優勝し，爆発的なブームとなった．2017年3月には，大量の棋譜を学習した米国グーグルの「アルファ

碁」が世界のトップクラスの囲碁棋士を破った．米国の発明家であり，グーグルに在籍しているレイ・カーツワイルは，AIが人間の知性を上回る「シンギュラリティー（技術的特異点）」が2045年に来ると予想している．半導体や通信手段，記憶媒体などの急激なエクスポネンシャル（指数関数的）な機能進化をもたらし，「我々の脳はスキャンして作った第2の脳がよりスマートに考え長生きする．人類の知能は拡充し文明は新段階に入る」と予測している[3]．

すでに囲碁や将棋では人知を超え始めた．情報を大量に保有したり，解析・活用したりする能力が機械へ偏在するのは確実だろう．ビッグデータ解析から必勝の手法を何億通りと覚え込まされたコンピュータは，人間の頭脳をはるかに超える正確さと速度で「正解」を導く．わずか100年以内でしかないIT技術の発展は，地球生命体が数億年かけて進化してきたことを実現してしまう．

囲碁などの特定分野に止まらず，あらゆる面で人間を超える「汎用AI」が2030年の実用化を目指して開発されている．実用化すれば，人間がしてきた仕事のかなりの部分が機械で置き換えられる．経済分野においても，かなりの変革がもたらされるだろう．

スーパーコンピュータの能力を上回る量子コンピュータが，AIの持つ可能性を広げようとしている．AIは膨大なデータを基に学んだり分析したりする．量子コンピュータでは，さらに速度と正確性を向上させることが可能となる．通常のコンピュータは「0」と「1」からなる2進法である．2ビットならば，00，01，10，11と，4通りの掲載を1つずつこなす．量子コンピュータは，電子などの微小な領域で起きる現象を説明する「量子力学」の原理を使用する．「0」と「1」どちらでも「重ね合わせ」と呼ぶ現象を利用し，10億通り以上の計算でも1度で済ませることができる．スーパーコンピュータで数千年かかる計算を数分で終えることができる[4]．

AIの機械学習はデータの規則性などをもとに判断を下すが，厳密な答えを出せない場合がある．量子コンピュータは無数の情報をまとめて計算できる．AIが扱う非定型の膨大なデータをどう組み合わせれば最適化できるかといっ

た計算をしており，不可能な計算や分析ができるようになると期待されている．

米国株式市場における時価総額トップ5はIT企業のみ

　1980年代初頭，インターネットが冷戦時代の終結により，民間へ開放された．インターネットを真っ先に活用したのが，電子商取引や金融，メディアといった産業で，恩恵を受けたのはパソコンをネットにつないでいる消費者だった．経済開発機構（OECD）では，けた違いな量（Volume），速度（Velocity），多様性（Variety）の3つの要素を持つことで価値を生み出すデータをビッグデータと呼称した．3つの特徴を活かし，データを活用した広告モデルで収益を上げ，さらなるサービスを提供し，さらに多くのデータを獲得するサイクルを持っている．つまり，ビッグデータは企業にとってマーケティングの源泉となる消費者行動に関する豊富な内容を持ち，ゆえにデータが価値をもつのである．一握りのIT企業にデータや富，頭脳が集まるニュー・モノポリー（新たな寡占）市場が形成されている．その代表例となるのが，米国シリコンバレーのIT企業である．

　世界各地で毎日，企業の活動や個人の行動などから膨大な量のデータが生み出されている．全世界で1年間に生み出されるデータの量は既にギガ（10億）の1兆倍を意味する「ゼタ」バイトの規模に達する．米調査会社IDCの予測では，2025年に163ゼタバイトと2016年比で10倍に増える．これは全人類1人1人が，世界最大の米議会図書館の蔵書に相当するデータを生み出すような規模だ[5]．

　世界の株式市場における時価総額は，77兆ドル（約8400兆円）あり，米国市場が最大である．ニューヨーク証券取引所（約20兆ドル）とナスダック市場（約9兆ドル）の合計で世界市場の約4割を占める．時価総額第1位は，アップルで91.1兆円．今世紀に入り150倍以上に時価総額が急成長している．

　米国における時価総額のトップ5の企業を20世紀末と比較すると，20世紀末では，第1位がGE（54.2兆円），第2位はエクソンモービル（34.5兆円），第3位はファイザー（33.1兆円），第4位はシスコシステムズ（30.7兆円），第5位はウォールマー

ト・ストアーズ（27.1兆円）であったが，2017年6月末時点では，第1位がアップル（91.1兆円），第2位はアルファベット（グーグル）（70.4兆円），第3位はマイクロソフト（61.7兆円），第4位はフェイスブック（53.9兆円），第5位はアマゾン・ドット・コム（50.5兆円）であった（**表1-2**）．米国のトップ5はすべて入れ替わっている．資源や重厚長大型をIT企業が取って代わった構図が鮮明に見て取れる．

一方，日本における時価総額のトップ5の企業を20世紀末と比較すると，20世紀末では，第1位がNTTドコモ（18.9兆円），第2位はトヨタ自動車（13.7兆円），第3位はNTT（13.3兆円），第4位はみずほFG（7.3兆円），第5位はソニー（7.2兆円）．2017年6月末時点では，第1位がトヨタ自動車（20.3兆円），第2位はNTT（11.0兆円），第3位はNTTドコモ（9.8兆円），第4位はソフトバンク（9.5兆円），第5位は三菱UFJ銀行（9.4兆円）であった（**表1-3**）．米国との勢いの差は明らかだ．日本の上位は今も昔もトヨタ自動車，NTT，NTTドコモの常連3社が占めている．[6] 唯一，ソフトバンクグループの孤軍奮闘ぶりが目立っている．

日本のトップであるトヨタ自動車でも，世界の時価総額ランキングでは，40位程度の存在である．世界トップであるアップルと比較すると，アップルはトヨタ自動車の時価総額（20.3兆円）の4倍以上に相当し，日本のトップ10企業を合わせた総額に匹敵する金額である．1989年のバブル時代には世界最大であった東京株式市場は，今やニューヨーク証券取引所とナスダック市場に次ぐ，第3位の存在に降格したのも納得する．

21世紀はデータの時代

米国株式市場にトップ5のIT企業合計時価総額は2010年代前半に，かつて「セブン・シスターズ」と呼ばれた石油大手4社を逆転した．20世紀を石油の世紀とすれば，21世紀はデータの世紀といえる．急拡大ぶりは，勃興時の石油産業の姿にも重なる．

石油の大量供給は世界で自動車産業の発展をもたらした．一方，巨大化の弊害も指摘された．ジョン・ロックフェラーらが19世紀後半に設立したスタンダー

表1-2 米国株式市場における時価総額のトップ5の企業

20世紀末		
順位	米国企業	時価総額
第1位	GE	54.2兆円
第2位	エクソンモービル	34.5兆円
第3位	ファイザー	33.1兆円
第4位	シスコシステムズ	30.7兆円
第5位	ウォールマート・ストアーズ	27.1兆円

2017年6月		
順位	米国企業	時価総額
第1位	アップル	91.1兆円
第2位	アルファベット（グーグル）	70.4兆円
第3位	マイクロソフト	61.7兆円
第4位	フェイスブック	53.9兆円
第5位	アマゾン・ドット・コム	50.5兆円

（出所）『日本経済新聞』9月7日朝刊17面.

表1-3 日本株式市場における時価総額のトップ5の企業

20世紀末		
順位	日本企業	時価総額
第1位	NTTドコモ	18.9兆円
第2位	トヨタ自動車	13.7兆円
第3位	NTT	13.3兆円
第4位	みずほFG	7.3兆円
第5位	ソニー	7.2兆円

2017年6月		
順位	日本企業	時価総額
第1位	トヨタ自動車	20.3兆円
第2位	NTT	11.0兆円
第3位	NTTドコモ	9.8兆円
第4位	ソフトバンク	9.5兆円
第5位	三菱UFJ銀行	9.4兆円

（出所）『日本経済新聞』9月7日朝刊17面.

ド石油は1911年に反トラスト法（独占禁止法）で分割した．その後，石油輸出国機構（OPEC）が誕生し，中東諸国による石油支配を生み出し，石油危機を通じて先進国経済を大きく揺さぶった．そのアキレス腱を守ろうと米国が同地域に軍事介入する結果となった．データの世紀は米国1強にもみえるが，世界のルールと一線を画す独自政策で，官民を挙げて世界中からデータの収集にかかる中国のような国もある．ロシアもデータの力で世界を揺さぶる．

　データというのは，つぶさに分析すれば成長の原動力になる「新たな資源」だが，人の行動を支配しうるリスクも抱える．企業や国を巻き込んだ攻防も始まり，世界はデータの世紀に入ったのである．差別感情をあおって分断を図ったり，他国の品位を貶めたりする勢力も目立つ．しかも個人が手のひらで受信できることから，フェイクニュースや誤った情報が公然と巷に流れ，瞬く間に

広がる事例も格段に増えている．関心を引きたいために，災害や選挙といった暮らしの重大事にわざと嘘情報をアップしたりする困りものも存在する．嘘の方が拡散しやすい点を悪用するから厄介だ．データの世紀における日常生活において，早くも厄介なことが発生している．

ソーシャルメディアなどを通じて，生活は便利になった半面，新しい時代に順応できない人たちが増えている．世界最大手のスーパーマーケットであるウォールマート・ストアーズの従業員は230万人が在籍する．時価総額上位のITビック5（アップル従業員：11.6万人，アルファベット（グーグル）従業員：7.2万人，マイクロソフト従業員：11.4万人，フェイスブック従業員：1.7万人，アマゾン・ドット・コム従業員：34.1万人）の従業員総数は米国外を含めても66万人しかいない[7]．雇用数において，5社が束になっても，ウォールマート・ストアーズ1社の3割にも満たない数値となっている．ITを中心となる第4次産業革命において，少数精鋭の省力化の傾向はさらに強まるだろう．

自動車産業と家電産業が融合する時代が到来

しかし，ソーシャルメディアを活用できる世界における携帯電話の回線契約数は約65億人で，ここ3年ほとんど変化がない．携帯端末台数も約19億台で推移し，うち9割が買い替え需要だ[8]．スマートフォンを含め携帯電話台数を使って電子部品需要を予測すべきではない．電子部品の次の成長の舞台になるのが，自動車業界である．自動運転やコネクテッドカー（つながる車），電動化などの技術が普及し，車載向け電子部品の数量は10～20％増加するという．フランクフルト・モーターショーでは，最先端の自動運転やコネクテッドカーが披露され，電子部品の未来を占う重要な場となっている．

一方，世界最大の家電の見本市である「コンシューマー・エレクトロニクス・ショー（CES）」では，世界の大手自動車メーカー9社が参加した．CTA（全米民生技術協会）が主催するCESは，2017年1月5～8日ラスベガスで開催され，ソニーやパナソニック，韓国サムスン電子などの家電メーカーや米国インテル

などの半導体メーカーが参加するのが一般的である。しかし、9社の自動車メーカーが参加することで、家電の見本市はモーターショーのような雰囲気となった。自動車産業と家電産業の接点がCESの場に出来上がりつつあり、CESに参加する意義が変わりつつあるのだ。

パソコンや携帯電話などの情報機器に加え、自動車なども通信・インターネット技術を活用するようになり、家電と自動車の業界の垣根は崩れつつある。家電業界そのものはスマートフォンによる既存市場の浸食や単価の下落に直面し、各社は収益低下に苦しんでいるものの、世界最大規模のテクノロジーの祭典は、異業種を巻き込みながら、拡大基調を維持している。CESの開催に合わせ、グーグルはホンダや米国ゼネラル・モータズなどの自動車メーカー4社と提携し、アンドロイドを搭載した車載情報システムの開発を目指す新団体「Open Automotive Alliance（OAA）」を発足させた。これまでスマートフォンやタブレット端末向けに発展してきたアンドロイドを車載情報システム向けに改良し、自動車領域における新たなイノベーションを呼び起こす方針である。

家電メーカーが過当競争を抜け出すには、自動車をはじめとする異業種との連携が不可欠になってきている。自動車産業と家電産業が競合するのではなく、融合する時代が到来しているのである。

2. 第4次産業革命がもたらす変化

日本における自動車産業構造

日本の自動車産業はトヨタ自動車などの完成車メーカーがエンジンを中心に中核技術を持つ形で、商品の企画・開発・製造・販売を担った。そこに、1次部品メーカーと2次部品メーカーが高品質な部品を安定的に供給する生産モデルであった。系列として長期にわたる独占的な関係を重視し、縦型のピラミッド産業を構築してきた。

しかし、今後の自動車業界に大きな影響を及ぼす重要な要素は、コネクテッ

ドカー，自動運転，電気自動車，車を所有から共有する「シェアード」というキーワードとなる．現在，カーシェアリングの会員数は108万人で，5年間で6.5倍に増加している．新規分野を含め多分野にわたることから，自動車会社が単独で進化できる能力を持つ企業はない．これまで必要とされた部品の開発力に加え，半導体や電池などのハードウェアと，IoT，AIに関連するソフトウェアに関する開発力が求められている．

従来の縦型システムのままでは，量産効果や商品力などでグローバル企業に劣るリスクがあり，電動化による付加価値のシフトに追随できない．国内販売においても，系列による販売を日産自動車が2005年，ホンダは2006年に全社車種も販売できる体制にしている．トヨタ自動車も2019年4月より，直営の4つの販売会社を統合する予定である．

一方で，日本には，モーターや電池などEVに活用できる技術を持つ企業は多い．EV化をチャンスとして捉え，産業の競争力を維持するためには，縦型のあり方の改革と，EV技術を持つ異業種を含めたエコシステムづくりが求められている．日本の自動車産業にとっては脅威ではあるが，同時にチャンスでもある．

ガソリン車からEVへ大きく形を変えつつある自動車は，自動車メーカーがコントロールできる部分が少なくなる．一方で，部品メーカーにビジネスチャンスをもたらしている．独ローランドベルガーの調査によると，EVや自動運転化の加速により，自動車部品市場の規模は2015年の7000億ユーロ（約91兆円）から2025年に8500億ユーロ（約111兆円）以上に拡大すると予測している[9]．もはや自動車メーカーだけで車をつくる時代ではなくなった．自動車産業は既存車だけで，全世界で250兆円という巨大市場であるが，電子部品，化学，電機，半導体といった様々な業界が参入を図っている．

英プライスウォーターハウスクーパース（PwC）は世界のEV市場は2016年の生産66万台から2023年に5倍強の357万台に成長すると予測している．電子部品や半導体メーカーは注力分野をスマートフォンから自動車に切り替えた．先

んじて車載部品に集中投資していたパナソニックは車載事業の売上高を2016年度の1.3兆円から2018年度には2兆円まで伸ばす見込みである．アップル銘柄と呼ばれた企業が，クルマ銘柄と呼ばれる日はそう遠くないかもしれない．

自動車産業とモータースポーツ

　自動車レースは，スポーツなのだろうか？　スポーツカーと呼ばれる自動車があるからだろうか．相手，ルール，審判が入れば，スポーツ競技として成立するので，自動車レースは間違いなくスポーツである．モータースポーツはスポーツとして存在しているのである．

　自動車の最高峰であるF1グランプリにおいて，高速コーナーや激しい減速時にドライバーシートにかかる重力はどのくらいかご存知だろうか？　答えは，5Gである．つまり，体重の5倍に相当する重力がドライバーシートにはかかるのだ．5Gの負荷のかかる過酷な状況下で，ドライバーはサーキットを約60周しているのである．さらに，灼熱の地域でレースが開催された場合，コックピットの温度は50度を優に超える状況となる．こうした状況下から判断すると，F1（フォーミュラー・ワン）ドライバーには重力に耐えられる身体の強靭性，1時間半に及ぶレースに耐え得る体力と心肺機能を備えた持久力，あらゆる状況においても瞬時に自在に操縦できる俊敏性が必要となる．

　自動車に乗り込む競技は，自動車という道具そのものの性能が重要となる．テニス，ゴルフ，スキー，スケートなどの競技同様，道具の比重が高いスポーツ競技である．F1のエンジンは1基につき約3000万円かかるという．年間でも50基必要とされるので，15億円かかることになる．1秒短縮するのに約100億円が必要だとされている［田中 2006］．

　レース競技中におけるピットイン作業では，ピットクルーと呼ばれる整備士のチームワークが重要となる．タイムトライアル競技なため，より速く，より正確な作業が求められる．より速くすることを求めすぎた場合，ドライバーの安全はどうなるだろうか．1つのミスが命を奪うような大きなリスクになりか

ねない.したがって,命に関わる安全管理(リスクマネジメント)が求められるスポーツであるといえる[森脇 2014].

　2015年にF1に復帰したホンダは,マクラーレンへエンジンを供給している.エンジンのパワーユニットを安定させるため,車両に約150個のセンサーでデータを収集し,日本IBMのデータ解析システムで分析している.レース中に,燃料の残量や故障の可能性を瞬時に割り出している.蓄積したデータはパワーユニットの改善だけでなく,最適な給油タイミングなどレース本番の戦略立案に役立てている[10].

　自動車産業とみた場合,自動車レースにより培ったノウハウを市販車に活用している.企業が研究施設で商品開発を行っているところを,レースという実証実験を通して商品開発を実践していると捉えてよかろう.日本は,トヨタ自動車,日産自動車,ホンダ,マツダ,スズキと世界最大の自動車販売台数を誇る国である.

第4次産業革命における医療・福祉産業

　新薬を創る上でもIoTとAIが力を発揮している.通常新薬の開発には1000億円以上の費用と10年以上の期間が必要とされている.しかし,AIの適用範囲が広がれば,600億円のコスト削減や4年間の期間短縮が可能となる[11].今は手術も薬も予想や経験が中心の医療だが,将来は多くの医師の経験を集約化し,シミュレーション(模擬実験)も活用して医療の精度を高めていく.患者ごとに最適な治療法を選ぶ「プレシジョン・メディシン」が注目されている.精密医療や個別化(テーラーメイド)医療とも呼ばれる.遺伝子情報などをベースに患者を分類し,個別レベルでそれぞれの治療や投薬をするという考え方である.米国のバラク・オバマ前大統領が一般教書演説で発表したことで注目されるようになった.米国人の遺伝子解析データを大量に集めると表明し,実際に国立衛生研究所(NIH)などが中心となり研究を進めている.

　遺伝子治療は,病気の原因となったり関連したりする遺伝子を改変すること

で発症や進行を防ぐことが可能となる．以前は，正常な遺伝子を導入するだけで，異常な遺伝子が体内に残るため，効果が上がらなかった．導入した遺伝子が染色体のどこに組み込まれるかわからず，細胞ががんになる恐れもあった．しかし，遺伝子を精度よく改変できるゲノム編集[12]の登場で，病気を引き起こす異常な遺伝子を切り取り，そこに正常な遺伝子を導入することができるようになった．従来の遺伝子治療では困難であった治療が可能となる．

　ゲノム編集を使う遺伝子治療は，2つに大別できる．1つは，患者から細胞を採取し，ゲノム編集を施してから体内に戻す手法．この手法は，再生医療等安全性確保法の対象であるため，ルールに沿えばこれまでも臨床研究を実施できた．もう1つの患者の体内でゲノム編集を直接起こす手法は，従来の日本の指針では想定外で，研究は進まなかった．そこで，日本政府は，2018年5月に指針を見直し，ゲノム編集を体内の細胞に直接施す遺伝子治療の臨床研究を解禁する．東京大学の濡木理教授のベンチャー企業である「エディジーン」は，ゲノム編集技術を使い医薬品開発に取り込んでいる．2年後をめどに米国で，膵臓がんと非アルコール性脂肪性肝炎の患者の治験を始める計画である[13]．

　また，IoT機器においては，スマートコンタクトレンズの開発が盛んである．日本の医療ベンチャー企業である「ユニバーサルビュー」は，指先に乗る直径2.3cmのレンズに一辺2mm程度の回路を埋め込ませられる試作品を開発した．涙から血糖値を，微弱電波から心拍を，毛細血管から血圧を測定し，無線で情報を飛ばすことができる．2020年の実用化を目指している[14]．グーグルも韓国のサムスン電子とスマートコンタクトレンズの開発に名乗りを上げている．米国アルファベットは2017年4月，傘下企業を通じ1万人の心拍などの健康情報を少なくとも4年間集めるプロジェクトを始めた．日本でも内閣府と東京大学や京都大学が共同で2018年6月から，IoT技術を使い生活環境と血圧の関係を即時測定する実証実験を始め，病気リスクを軽減させる．あらゆるモノがネットにつながるIoTならぬ，身体がネットにつながる「IoB（Internet of Bodies）」という言葉が登場している．

さらに，ロボット業界は，有望市場として医療・福祉分野に注目している．従来，自動車や電機など大型製造工場の自動化で培った技術を他分野に応用することで需要を広げてきた．国際ロボット連盟によると，2012年に16万台だった世界の販売台数は2016年に29万台に増加している．人件費を抑えるため，従来型の引き合いは中国などで依然として強いが，さらに近年では食品や化粧品の箱詰めなど新たな用途を開拓し需要を上積みしている．

　安川電機など国内外の大手各社は，工場向けで培った高精度な制御技術を医療分野でも活用できると判断し，ロボットのアームに医療機器を取り付け遠隔操作するなど，新しい使用用途を模索している．高齢化に伴う患者数の増加や人手不足に悩む医療・福祉分野の現場にロボットが一役買いそうである．

　医療事故を防ぐ法整備や，機器によっては数億円かかる導入コストの低減など課題も残るが，高齢化や人手不足は日本に限らず世界中で深刻な課題となっている[15]．AIの技術進展も含めロボットが担える役割は今後も広がるとみられ，医療・福祉分野で人とロボットが「協働」する場面が増えるだろう．

ドイツの「インダストリー4.0」の最先端事例
——アディダスのスピードファクトリー——

　第4次産業革命の動きを代表するのがドイツで推進されている「インダストリー4.0」である．ものづくりの現場である工場中心だった改革は，自動車，アパレル，金融，メディアなど幅広い業種へ拡大している．省人化などの生産性の向上を目指すものから，ビジネスモデル自体の変革へ移行している．自動車業界において，一般的に自動車1モデルを開発するには，数百億円と4，5年の開発期間がかかるといわれている．しかし，ドイツ西部のアーヘン工科大学で誕生したスタートアップ「イーゴーモバイル」は試作数を極限まで減らし，開発費を3300万ユーロ（約39億円）に削減し，開発期間を2年半に短縮している．4人乗りの小型電気自動車（EV）の開発モデルが完成できたのは，開発工程にある．イーゴーモバイルは，試作車で集めたデータを基に「デジタル模型」を

再現する．様々な条件でシュミレーションを繰り返し改良を加える．現実世界のモノをデジタルで精緻に再現する「デジタルツイン（デジタル上の双子）」という開発手法である．モノづくりの現場とデジタル技術が融合したからこそ達成できたのである．

スポーツ産業における先端的な事例は，ドイツのアディダスが2017年7月にドイツで完成させた新工場「スピードファクトリー」である．スピードとは，少ない数量でも顧客が望めば，素早く設計し，生産するという意味である．従来のスポーツシューズは，企画から出荷まで1年以上かかっていたが，新工場では顧客の手元に届くまでの時間を数日から遅くとも数週間に短縮可能となった．しかも，従来のスポーツシューズと同様の価格で顧客に提供できるのである．

従来のビジネスモデルでは，ドイツでマーケティングやデザインについて企画し，アジアで生産し，ドイツで販売していた．新たなビジネスモデルでは，企画から販売までのすべてをドイツで実施できるようになった．従来は人件費の安い遠方となるアジアで製造拠点を設けていたが，消費地の側で企画から製造まで完結できるようになったのである．

スピードファクトリーの特徴は3つある．①圧倒的なスピード，②顧客に合わせた製品開発，および③従来品と同じ価格帯での商品提供である．

①圧倒的なスピード

圧倒的なスピードを実現したのは，アディダスが採用した3Dプリンターにある．デジタルで描かれた設計図通りの立体物を作る「光造形法」を搭載した3Dプリンターは，デジタルデータを直接製造装置に転送し，即座にソールの生産を始められる．

②顧客に合わせた製品開発

顧客のニーズもすべて個別にかなえる．欧米ではこれを「マスカスタマイゼーション」と呼び始めている．消費者1人1人のニーズに合わせて，生産するソールを変更できるようになる．今や購買層の中心に座るミレニアル世代（17〜37歳）

は欲しいものへの要求が一段とバラバラで，好みも移り変わりやすい．ミレニアル世代に対応するため，体重や身長，骨格など個人ごとに異なる特徴に応じて，ソールの形や重心の位置などをコンピュータで調整し，そのデザインデータを基に3Dプリンターで生産する．

③ 従来品と同じ価格帯で商品提供

従来品と同じ価格帯で提供できるのは，ソールの製造に関するコストは上昇するものの，全体のコストはほぼ同水準に抑えられるからである．アディダスは，従来の開発工程で何度もやり取りしていた試作品の制作や，アジアから消費地までの輸送コスト，工場の人件費などの抑制に成功した．従来は企画段階でデザイナーが素材メーカーなどと打ち合わせを重ね，試作品をいくつも制作するため，その都度，打ち合わせや試作品作りに時間がかかっていた．しかし，試作段階における工場とのやり取りにかかる時間も大幅に短縮できたため，コストを下げられたのである．

アディダスの求めるスピードとは，少ない数量でも顧客が望めば，素早く設計し，生産するという意味である．従来のスポーツシューズは，企画から出荷まで1年以上かかっていたが，新工場では顧客の手元に届くまでの時間を数日から遅くとも数週間に短縮可能となった．しかも，従来のスポーツシューズと同様の価格で顧客に提供できるのである．

アディダスでは人件費が安く，大量生産に適していることから，アディダスが販売する靴生産の約9割がアジアであった．デジタル化により，場所の制約から解放されれば，理論上，もはや安い労働力を求めて地球の裏側までサプライチェーンを伸ばさなくてよくなる．需要がある土地に工場を建て，市場の変化に応じて素早く流行にあった商品を投入できる．

新商品の生産規模は，2017年で5000足というわずか1％のものだが，年内に米国ポートランドでもスピードファクトリーを稼働する．2018年には本格生産に入り，年末には10万足に拡大する．中長期的には50万足を目指している．ア

ディダスの年間生産規模は3億足であるため，まだまだ少ないが，スピードファクトリーの生産比率をアジアを含めて徐々に高めて行く方針である．

アディダスの2016年12月期の売上高は192億9100万ユーロ（約2兆4800億円．1ユーロ=128円）で，NIKEに次ぐ世界第2位である．2015年に発表した中長期経営計画では，新興国での需要拡大やEC（電子商取引）事業の成長などを追い風に，2020年までに毎年11％程度の売上高を向上させる．ナイキも2020年までにアディダスを上回る売上高500億ドル（約5兆5000億円）を目指しているが，計画の域を出ないのが現状である[16]．アディダスが実用化で先行している．従来のビジネスモデルをデジタル技術でゼロから作り直すことで，競争の土壌を自ら変え，デジタル技術の変化に素早く対応している．

アディダスは，1993年以降，靴の生産の約9割をアジアに移行していた．人件費の安い国で集中生産し，ほぼ同じものを世界中に大量に供給する．そのようなマスプロダクションで規模の経済（Economies of Scale）を追いかけてきのたがこの四半世紀である．

製造業の歴史は，規模の経済と品ぞろえの両立という二律背反と苦闘の歩みである．米国自動車メーカーが雲の上の存在だった1950〜60年代に，トヨタ自動車が採用した戦略は米国企業より多くの車種を取りそろえ，顧客の選択肢を増やしつつ，その上で生産効率を落とさないという方針だった．そのために考案されたのが，「かんばん」や「ジャストインタイム」などの手法である．在庫を極限まで減らし，効率性を向上させる経営革新につながったのである．アディダスは，規模の経済を前提としつつ，顧客のニーズをすべて個別にかなえる「マスカスタマイゼーション」を実現しつつある．ドイツで推進されている「インダストリー4.0」の大きな成果といえる．

スタジアム・アリーナにおけるビッグデータの4分類法

第4次産業革命は，IoTとAIを駆使した新しいモノづくりと，サプライチェーン全体を巻き込む革命である．すでにIoTとAIを駆使したビッグデータの活用

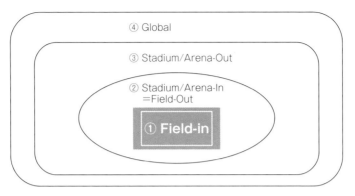

図1-1　スタジアム・アリーナにおけるビッグデータの4分類
（出所）筆者作成．

は製造業や小売業に続き，スポーツ産業にも表れている．

　ビッグデータなどの分析をするため，フレームとして4つにデータを分類している（図1-1）．1つ目はフィールドの中，2つ目はフィールド以外のスタジアムとアリーナの中，3つ目はスタジアム外の周辺地域および国内，4つ目は国外というカテゴリーに分類し，データを分析することが重要である．

　1つ目のフィールド内のデータは，試合動向を分析したFIFAワールドカップを制覇したドイツ代表チームが先端事例となる．ブラジルワールドカップでドイツ代表の優勝に大きく貢献したSAP[17]とDFB（ドイツサッカー連盟）が共同で「Match Insights」[18]を開発した．さらに，バイエルン・ミュンヘン[19]では，SAPと提携が進んでおり，「Match Insights」をさらに進化させた「Sports One for Football」を開発し2015年6月より導入している（図1-2）．「Sports One for Football」は，3つの機能を持っている．第1に，Players Fitnessは，選手のけがなどの履歴や服用している薬といった情報からリハビリテーションプランまで一括して管理できる．第2に，Training Plannerは，監督やコーチが練習や試合の日程から選手の誕生日までを管理できる．第3に，Scoutingは，チームに新加入する選手を獲得するための情報を管理している［ミウラ 2015：26-28］．

図1-2　バイエルン・ミュンヘンのIT戦略

(出所) 筆者作成.

　スポーツ選手を発掘・育成することは，単に優れた選手をつくるだけでなく，それをサポートする産業界へと市場が拡大する可能性がある．バイエルン・ミュンヘンはSAPとともに，IT業界でさらなるイノベーションを促進させる可能性がある．選手，コーチおよびスポーツ医学はもちろんのこと，スパイクなどの道具や設備にも新たなイノベーションを起したならば，アスリート以外の人々の健康に対しても広いインプリケーションを持ち得る可能性がある．

　2つ目は，フィールド以外のスタジアムとアリーナの中のデータである．スタジアムやアリーナにおける購買行動アプリを使用した販売促進行動のデータである．観客はスタジアムでは何が必要か，簡単に言えば何が欲しいかというニーズは何かということである．スタジアムで「ビールは飲みたいが，買いに行くのは面倒くさい」という客の目の前に，スマートフォンで呼べばビールが運ばれるとすればどうだろう．Wi-Fiが設置されていれば，アプリケーション

第 1 章　第4次産業革命　19

をダウンロードし，すぐにでも使用できるシステムである．スタジアム内だけで使えるアプリがあり，ポップコーンとビールをオーダー入力すると，数分後に席まで自動的に持ってきてくれる．そういう時代が実際に来ている．観客へのサービスとしては席への案内，トイレの空き情報，試合のリプレイなど，観客がもう一度スタジアムに来てくれるよう努力している．近い将来は，球場内にドローンを飛ばして客の欲しいものを運ぶことができるかもしれない．ロボットを使って高齢者も安全に速やかに席へ着かせるなど，ビッグデータには多くの可能性が含まれている．ITとスポーツが結びつくことで新しいビジネスが誕生しそうだ．

　今，注目しているスタジアムにNFLのサンフランシスコ49ersというアメリカンフットボールチームのスタジアムがある．サンフランシスコと言えばシリコンバレーが有名である．スタジアムを完全にIT化したITスタジアムを想起してしまう．また，スポーツスタジアムをアップル，グーグルなどの名だたる企業が，本気で実験場にしようとしたらどうなるだろうか．ドローンやロボット，そしてもっと上をいく最先端技術が開発されるかもしれない．スポーツの世界にはまだまだ新しい革新が起こると思われる．

　日本のプロ野球では似たようなシステムをすでに導入している．Jリーグでは，NTTグループ，ヤフー，楽天，デロイトトーマツコンサルティング，電通，ぴあの6社とビッグデータの分析で提携している．Jリーグは6社と共同でスタジアムへの来場履歴や年齢，関連グッズの購入履歴などのデータを蓄積し，解析するシステムを開発している．

　サポーターがチケットやグッズをインターネットで購入する際に，JリーグIDと呼ぶ識別番号を持つように促し，顧客データを集める．システムはJ1からJ3までの全54クラブに開放する．2018年シーズンは無料で試験的に運用し，2019年からは希望のクラブが月額20万円程度で使用できることになる．クラブはシステムを使用すれば，サポーターの行動パターンを把握し，有効なマーケティングが可能となる．例えば，来場回数が減少した人に対して，スタジアム

内で使用できるクーポンを配布して足を運ばせる施策を打てる.

　熱心なサポーターには，SNSを通じて，スマートフォンに好きな選手の情報などをきめ細やかに配信したり，来場回数に応じたキャンペーンを展開することも可能となる．Jリーグは，各クラブがシステムを使いこなせるIT人材を教育する育成講座を2017年9月末から開始している．NTTグループ，ヤフー，楽天は各クラブが利用する際の技術支援も請け負っている．Jリーグは年間900万人を超える観客データを取り込み，伸び悩む集客を改善する方針である[20]．

　これまではビッグデータと言っても，試合でのビッグデータの活用と，スタジアムでのビッグデータの活用ぐらいだった．この2つを別々に考えていたのだ．どちらのデータも融合したらどうだろうか．融合するとは，どういうことだろうか．

　ビールはいつ買いたくなるのだろうか．そのタイミングがデータ上で確認できればまた違ったマーケティングが展開できるのではないだろうか．ホームランが出た時に買うというのであれば，ホームランゾーンの幅を5メートル前にせり出せば，ホームランが入りやすくなり，もっと売れるはずだ．もしピンチやチャンスの時に買うとなれば，いつもノーアウト満塁から始めるというぐらい革新的であっても良いのではないか．

　これだけデータが取れる時代になったのだから，ビッグデータを考えていく上でのマッチングが重要となる．何かのデータを掛け合わせることでイノベーションが起こるかもしれないという，大きな魅力が感じられる．

　3つ目は，スタジアム外の周辺地域および国内のデータである．ここでは，図1-1の③スタジアム・アリーナの外をどこまでの範囲で限定するかにより区分が変化してくる．10km圏内とするか，市内とするか，日本全土とするかで，3-1，3-2，3-3，などと区分させることができる．マーケティング戦略に付随して範囲を制限することが得策であろう．②のスタジアムとアリーナの中のデータと③のスタジアム外の周辺地域および国内のデータを組み合わせることで新たなデータ分析が可能となる．

バイエルン・ミュンヘンにおけるグッズ販売は，アナログ方式からITを活用したデジタル方式へマーケティングを移行している．ネットビジネスにおいては，SAPと連携して，衝動買いできる体制を構築している．欲しいと思った瞬間にその商品を購入できる衝動買い体制を構築し，売上げを向上させている．アナログからデジタル・マーケティングへ移行し，商圏販路が拡大している．

　バスケットのNBAでは，副会長からコミッショナーになったアダム・シルバが，これまでの60年間の歴史のアーカイブ・データを全部公開した．ファンをはじめとするユーザーは，インターネット上で自由に活用することができるようになった．すると，マイケル・ジョーダンの得点シーンの映像だけを繋ぎ合わせてユーチューブへアップする人がいたり，スリーポイントだけを特集する人がいたり，各々好きな編集を楽しみネット上でアップするようになった．反響は大きく，半年間でこのサイトへの新規アクセスは２倍になり，NBAのウェブサイトの滞留時間も２倍に増えた．

　この結果をどのように活用したかというと，テレビ放送権料に反映させたのだ．ESPNやTNTなどの大規模スポーツ専門局との契約金は，9年間で約240億ドルへと破格の金額となった．放送権料が最も儲かるとわかっているのなら，放送権料を上げるためにはSNSを利用すれば良い．テレビを見て下さいと言ったからといって，視聴率が上がるわけではない．これまで持っていたビッグデータを全部ファンへ提供するだけで良かったのだ．1つの例が見えてくると，人間は他に様々なことを考えるもので，クリエイティブとはそうやって創出されるものだ．スポーツはエモーショナルなものがあり，そのために人々は熱狂する．エモーショナルな行動にはイノベーションが起きやすい．感情に近いところにあるので，何かアクションが起きやすく，感情移入，衝動買いをしやすい傾向がある［相原2016：145-60］．

　4つ目は，国外のグローバル・データであるが，国際マーケティング戦略のデータである．バイエルン・ミュンヘンにおけるグッズ販売は，グローバル市場へと拡大し，アナログ方式からITを活用したデジタル方式へマーケティン

グを移行している．アナログからデジタル・マーケティングへ移行し，商圏販路がグローバルへ拡大している．

　バイエルン・ミュンヘンにおける国際戦略においては，2014年4月にニューヨーク事務所を開設し，アメリカのオンラインショップを運営し，MLSオールスターズとのプレシーズンマッチ「Audi Tuor」を行っている．中国でも遠征試合を行っている．ブランド力を活用した商圏の拡大とスポンサー収入の最大化に力点を置いている．カタールでアカデミー「Audi Camp」を実施し，アウディが株主となってからグローバル展開がさらに加速している［相原・半田 2017：33-47］．

　「グローバル戦略における重要なコミュニケーションツールとしてWEBを利用している」と，Benjamin Steen（F. C. Bayren MunchenAG, Head of digital Project and CRM, New Media, Media Rights and IT Department）はいう．ネットビジネスおいては，SAPと連携して，衝動買いできる体制を構築している$^{21)}$．さらに，SAPでは，あらゆる情報端末からアクセスでき，顧客ニーズをもらさぬようにWEBで不明な点は，即時コールセンターでも相談できる．SNSなどにおける発言を拾い上げ，商品開発へ結びつけることも可能となっている．

　以上，スタジアム・アリーナにおけるビッグデータの分析方法として，4つの分類フレームが重要である．

　スポーツはイノベーションが起きやすい．限られた時間で勝たなくてはならない時，人間は異常なほどの創造性と，相手の逆を突こうと動いたり，様々なことを考えるので，進歩が速い．その傾向を応用していくと1つのやり方としてまとめられるので，進歩が加速するのではないか．だからこそスポーツには発展の価値がある．

日本における第4次産業革命の可能性

　日本には，自動車や工作機械，空調など世界的にシェアの高い製品を持つ企業が数多く存在する．日本の製造業の現場では，データを収集し，解析し，活

用してきた．全社的品質管理（TQC）などにより，おおよその工場では内部に膨大なデータが眠っている．IoT時代が到来し，ますますデータ量は増加していく．機器の稼働状況などのデータを集めてAIを駆使できれば，米国企業などにまねのできないユニークなサービスを創出できる可能性がある．

スポーツ庁と経済産業省が2016年6月に発表した「スポーツ未来開拓会議～スポーツ産業ビジョンの策定に向けて～」中間報告によると，IoTの活用は，2020年で5000億円，2025年には，1.1兆円に拡大すると予測している[22]（**表1-4**）．

報告書によると，「特に近年目覚ましい技術進歩を遂げているIoT関連技術とスポーツとの融合市場も期待が大きい．まさにスポーツの見える化ともいうべき選手の動きや力，速度，心拍数などを計り，データとして蓄積できる機器等が開発されており，将来的にはスポーツを楽しむすべての国民が対象市場となりうるポテンシャルを秘めている」という記載がある．

日本のスポーツ産業だけなく，人手不足や少子高齢化に直面する日本は，AIをテコに産業競争力を高める必要がある．イノベーションによる経済成長が求められる日本は，市場や雇用創出にAIを活用する戦略を描き，行動に移

表1-4　我が国スポーツ市場規模の拡大について【試算】

(単位：兆円)

スポーツ産業の活性化の主な政策		現状	2020年	2025年
（主な政策分野）	（主な増要因）	5.5兆円	10.9兆円	15.2兆円
① スタジアム・アリーナ	▶ スタジアムを核とした街づくり	2.1	3.0	3.8
② アマチュアスポーツ	▶ 大学スポーツなど	ー	0.1	0.3
③ プロスポーツ	▶ 興行収益拡大（観戦者数増加など）	0.3	0.7	1.1
④ 周辺産業	▶ スポーツツーリズムなど	1.4	3.7	4.9
⑤ IoT活用	▶ 施設，サービスのIT化進展とIoT導入	ー	0.5	1.1
⑥ スポーツ用品	▶ スポーツ実施率向上策，健康経営促進など	1.7	2.9	3.9

(出所) スポーツ庁・経済産業省「スポーツ未来開拓会議中間報告」(2016年6月) p.9.

す時期である．電子情報技術産業協会（JEITA）の予測では，世界のAI関連市場は2025年に318兆円と，2010年の30倍以上に膨らむ．サービスやソフト，ロボットなどを通じ，交通や物流，小売り，医療といった幅広い業種で構造変化が進行する．AIとIoTをうまく組み合わせた戦略を考案していくことが重要となる．IoTはビッグデータの分析を促し，AIを進化させ，さらに高度なIoT環境を育む好循環を生んでいかなければならない．

第4次産業革命における大学生

　しかし，AIを恐れる必要はない．人間の仕事は時代によって異なる．昔，家具は手作りしていたが，大半は機械に置き換わった．歴史を振り返ると，機械は人間の仕事を壊したが，同時に新しい仕事を生み出してきた．

　問題は新しい仕事が生まれるかどうかだ．

　AIを巧みに活用する，人と人，企業と企業，国と国の差が鮮明になる．AIデバイド（格差）と呼ばれている．高い教育を得た人は多くの給与を得る一方，そうでない人は不安定になる．時代の進化に対応できる教育が不可欠だ．人口が多く教育水準が高く，数多くのエンジニアを輩出している中国に比べ，人口が減少している日本や教育水準が下がっている欧米諸国には困難な時代である．

　情報にはインフォメーションとインテリジェンスの2種類があり，人間は後者（判断力）で生きていける．そのために，日本における教育のあり方は抜本的に問い直されるべきだ．

　これから20～30年といった期間で第4次産業革命は続く．学生は，今までとは違う世界で生き抜いていかなければならない．第4次産業革命の真っ只中を生き抜くんだという覚悟を持った方がいい．2018年春に大学を卒業し23歳になる新入社員が65歳で退職するのが2060年．政府推計によると，日本の総人口は3300万人減少し，総人口は9280万人まで減少するのである．IoTとAIによるデジタル技術が向上し，より一層省力化が加速するだろう．政府は2020年までに，第4次産業革命を進め，30兆円市場を創出する方針である．AIを組み込んだ

自動運転やドローン飛行などの次世代技術の実用化で日本企業の国際競争力を保てるかが重要である．学生は，ある会社に就職するというよりも，第4次産業革命に就職すると考えておいた方がいいのかもしれない．

現在，日本の高等学校は，思考力や判断力の育成に取り組んでいるが，大学入試では一問一答形式や穴埋め形式の問題のままである．これでは，考え方が硬直化し，思考力が似てしまう．常に1つしかない正解を探したいというマインドになってしまう．俗にいう「間違えない達人」の教育である．クリエイティブな問題解決が求められる時代に間違えない達人を量産する教育であってはならない．

企業に偏差値はないし，終身雇用の時代でもない．自分で意思決定をし，自分で成長できる職業に挑戦する時代である．学生は（自由に過ごせる）可処分時間があるうちに視野を広くして社会を見た方が良い．

日本の大学は，伝統的にゼミや卒業研究があり，ディスカッションや実験を通じて失敗を経験させ，自然と学生が思考する仕組みがあった．ただし，教員の能力（職人気質）に依存しており，教員により能力差が大きい．

椅子に座って教員が一方的に話す内容をひたすらノートに取ることは楽だが，それでよいのだろうか．自発的に学ぶ学力をつけていなければ社会に出てから自分の力で何かに取り組むことにはつながらない．極端に言えば，学生が教員の知識や考え方を吸収したいと思って望んでいれば，一方的な講義でもアクティブラーニングになり得るのである．アクティブラーニングは学生の能動的学習として大学において組織的に求められるようになってきている．

大学コンソーシアムなどにより，他大学の講義を履修できる取り組みはかなり進んできているが，学生はあまり利用していない．学部や学科ごとに入試を行っている影響もあると思うが，学生は自分が所属する大学や学部からあまり出ようとしない．既存知のみで外部の知が吸収できないのでは，イノベーションはおきない．

目標を持ち講義や生活を組み立てるマインドを持つことで，起業などにも挑

戦していけるはずだが，決められた枠組みの中で動いている．枠内で移動した方が楽だからだろう．

イノベーションにつながるアイデアは，既存の知と別の既存知の新しい組み合わせによって生まれるのである．これはイノベーションの父であるジョセフ・シュンペーター以来，経営学における基本原理の1つである．人はゼロから何も生み出せないので，「常にまだつながっていない何かと何か」を組み合わせる必要がある．ただ，人の認知には限界があるので，やがて「目の前の知と知を組み合わせ」は尽きる．したがって，それを克服するには，「自分から離れた遠くの知を幅広く探し，自分の知と新しく組み合わせる」ことが何より重要となる．これを専門用語で「知の探索（Exploration）」と呼ぶ．

知は人が持つものである．新卒一括採用で，同じような人材が終身雇用で会社に居続けるといった従来の日本企業では，発想が似通った人材が集まりやすく，異なる知と知の組み合わせが起こりにくい．社内で精鋭を集めてイノベーション推進室などを作ってみても思うような成果が果たせないのはこのためである．これまでの日本企業の仕組みは欧米へのキャッチアップを目指した20世紀には通用したが，イノベーションが求められる現代では不向きな仕組みとなっている．日本がイノベーションを起こす知の探索を進めるには，従来と正反対のことをしなければならない．

イノベーションを起こす方法は2種類ある．1つは，発明した技術をもとに，困難な問題を解決する方法である．もう1つは，困難な問題を解決するために技術を発明し，応用する方法である．前者の考え方は技術中心の日本的スタイルで，必ずしも消費者ニーズと新技術が合致しない弱点がある．一方，後者の考え方は，米国ではデザインシンキングと呼ばれる開発手法である．問題を発見することから始め，その解決策を見出すことで新たな開智を生み出す．重要なのは，革新的な技術ではなく，それを何のために使用するかということである．解決策を見出すには，チームワークが重要で，なおかつ専門性や背景が異なる人材でチームを構成することだ．米国スタンフォード大学の医療機器関連

のプロジェクトでは，エンジニア，医師，経営者，科学者などを目指す学生でチームを構成する．背景が異なる人材が交流することこそがダイバーシティの醍醐味である．日本のゼミ学習も背景の異なる人材を交流させるべきである．

　学生は，安定さを失いつつある社会の中で，自分自身に市場価値をつけて這い上がっていく必要が出てくる．就職活動というのは，そういうことに学生が気づくことであり，多様な価値観を持つ若者を大人や企業がサポートするべきある．学生は自らのキャリアをビジュアル化し，どのような進路を選べば自分が成長できるかを考えるべきである．

注

1) 『読売新聞』2016年1月30日朝刊13面．
2) 『日本経済新聞』2017年9月8日朝刊27面．
3) 『日本経済新聞』2016年11月6日朝刊6面．
4) 『日本経済新聞』2017年11月1日朝刊24面．
5) 『日本経済新聞』2018年4月3日朝刊1面．
6) 『日本経済新聞』2017年9月7日朝刊17面．
7) 『日本経済新聞』2017年7月15日朝刊9面．
8) 『日本経済新聞』2017年9月9日朝刊16面．
9) 『週刊エコノミスト』2017年9月12日号，p.21，41．
10) 『日本経済新聞』2016年2月24日朝刊11面．
11) 『日本経済新聞』2017年12月4日朝刊20面．
12) ゲノム編集：生命の設計図であるゲノム（全遺伝子情報）の遺伝子の異常をほぼピンポイントで修復したり，不要な遺伝子を破壊したりする技術．遺伝子の狙った部分に導くガイド役のRNAと，その部分を切断する酸素を使用する．1996年に最初の技術が登場し，「クリスパー・キャス9」の登場が急速に広まった．医療への応用は体の細胞のほかに，受精卵や精子といった生殖細胞にゲノム編集を施す研究が世界で進んでいる．ただ，安全性は確立しておらず，親が望む容姿や運動能力などをもつ「デザイナーベイビー」の誕生につながる恐れがある．現在，日本では人の受精卵を改変することは基礎研究に限

られている（『日本経済新聞』2018年4月13日朝刊35面）．

13）『日本経済新聞』2017年4月13日朝刊35面．
14）『日本経済新聞』2018年4月5日朝刊1面．
15）『日本経済新聞』2018年4月8日朝刊7面．
16）『日経ビジネス』2017年8月21日号，pp.20-26．
17）SAP：1972年にドイツ・ヴァルドルフで創業したソフトウェア企業．世界130カ国以上に支社を持つ．常に最終消費者を意識するデザインシンキングを用いたSAP独自の方法論と，インメモリー，モバイル，クラウドなどの技術を駆使したソリューションを提供することで，あらゆるクライアントのイノベーションを支援している．スポーツ界においても，サッカーだけでなく，米国NFL，MLB，F1のマクラーレン・メルセデスなどと提携している［ミウラ 2015：28］．
18）Match Insights：サッカー競技における1試合中に，ドリブル，シュート，パス，1対1の競り合いなどの細かなアクションが2000回以上発生するが，その1つ1つのアクションが記録・解析され，試合後に必要なシーンを抽出して映像で確認できるシステムである［ミウラ 2015：28］．
19）FCバイエルン・ミュンヘン1900e.v.はドイツ・バイエルン州のミュンヘンに本拠地を置くスポーツクラブである．サッカー部門が最も広く認知されており，ドイツプロサッカーリーグ（ブンデスリーガ）に加盟するプロサッカークラブ．ドイツサッカー史上で最も成功したクラブで，世界最大のサッカークラブの1つであり，これまでにブンデスリーガを25回，DFBポカールを17回制しており，これらは共に最多優勝記録である．UEFAチャンピオンズカップおよびUEFAチャンピオンズリーグにおいてもドイツ国内では最多となる合計5度の優勝を果たしているクラブの1つでもある．ブンデスリーガ発足の初年度から参加したクラブではないが，ブンデスリーガ参戦以降は一度も1部リーグから降格したことがない．1972年〜2004-05年のシーズンまではミュンヘン・オリンピアシュタディオンがホームスタジアムであったが，2005-2006年シーズンからは，アリアンツ・アレーナがホームスタジアムとなっている．FCバイエルン・ミュンヘン1900e.v.における「e.v.」は登録されたクラブという意味．ドイツでは組織立ったリーグに所属するクラブはいずれも公共の非営利スポーツ団体として公式に認定されなければならない．著者は，2015年8月24日〜2015年8月28日の3日間バイエルン・ミュンヘン

のクラブハウス等へ赴き，Benjamin Steen（F. C. Bayren MunchenAG, Head of digital Project and CRM, New Media, Media Rights and IT Department）とDominik Zucker（Mataracan GmbH：バイエルン・ミュンヘンのマーケティング担当会社）へインタビュー形式による半構造化面接法による定性調査を実施した．定性調査の他に，バイエルン・ミュンヘンのホームスタジアムであるアリアンツ・アレーナを訪問し，その構造や内部施設などについても視察調査している［相原・半田 2017：37］．

20）『日本経済新聞』2017年8月26日朝刊13面．

21）例えば，ファンが街を歩いている時，応援するチームのユニホームの広告を目にし，欲しいと思ったとする．広告の隅にQRコードがついていれば，ファンはスマートフォンでQRコードを読み取り，ユニホームが購入できるページに飛んで簡単に注文できる．その際に，自宅に配送してもらえるよう指定することもできれば，GPS機能を利用してユニホームの置いてある近くのショップが表示され，そのショップで受け取ることもできる．ユニホームのサイズがわからない場合には，身長や体重を入力することでお薦めのサイズを表示し，過去にそのチームのユニホームやその他のウェアを購入したことがあれば，それをもとに適したサイズを薦めてくれる．このように欲しいと思った瞬間にその商品を購入できる衝動買い体制を構築し，売上げを向上させる仕組みだ［ミウラ 2015：27］．

22）スポーツ庁・経済産業省「スポーツ未来開拓会議中間報告」（2016年6月）p.9．

参考文献

相原正道［2016］『現代スポーツのエッセンス』晃洋書房．

相原正道［2017］『多角化視点で学ぶオリンピック・パラリンピック』晃洋書房．

相原正道・半田裕［2017］「バイエルン・ミュンヘンの経営戦略に関する一考察――ウリ・ヘーネスマネジャー就任時（1979年）以降の時系列分析――」『体育経営管理論集』9（1）．

田中詔一［2006］『F1ビジネス――もう一つの自動車戦争――』角川書店．

ミウラユウスケ［2015］「SAPが巻き起こすイノベーションと，その先にあるもの」『サッカーマガジンZONE』50（13）．

森脇基泰［2014］『世界一の考え方』三栄書房．

2 *sports industry*
スポーツ産業論

1. 日本のスポーツ産業の動向

　2018年現在，東京2020オリンピック・パラリンピック競技大会が間近に迫り，スポーツ界は活気に溢れている．とくに，これまで体育として教育の観点が強かったスポーツ界では見られなかった動きとして，スポーツを「産業」として盛り上げていく機運が醸成されていることが挙げられる．

　そもそも日本のスポーツ産業の歴史は古い．スポーツ用品の製造・販売に関しては，1906年のミズノ株式会社をはじめとして，1935年に株式会社デサント，1949年に株式会社アシックスという世界的なスポーツメーカーが創業している．現在，世界最大の売り上げを誇る米国のスポーツ用品メーカーであるNIKEは，1964年の創業であり，世界第2位第3位のスポーツ用品メーカーであるアディダスとプーマの前身であるダスラー兄弟商会は1920年の創業である．つまり，日本のスポーツ用品産業は，世界的に見ても早い時期に創業している．

　しかし一方で，日本のスポーツは，「するスポーツ」の普及・振興は，学校体育や学校運動部活動であり，「みるスポーツ」すなわち，エリートスポーツの振興は，才能の発掘としての学校運動部活動と企業の支援に頼る体制であった．つまり，学校というシステムを使った行政の支援と，企業スポーツというシステムを使った企業の支援によって，日本のスポーツは成立していた．したがって，スポーツを成立させるための用品用具は民間企業から供給されていた

にも関わらず，スポーツ自体は教育の色合いが強く，ビジネスの対象とならなかった．

一方，日本において，初めてスポーツが，複合産業として様々な分野を取り込む形で産業として認識されたのは，1990年に通商産業省から発表されたレポートである『スポーツビジョン21（スポーツ産業研究会報告書）』がきっかけであると言える．このレポートでは，スポーツ産業は，「業域を広げたスポーツ産業」として，それ以前に考えられていたスポーツ産業から，スポーツに関わるビジネスをより広く捉える形で定義し直している．『スポーツビジョン21』は，21世紀のスポーツ産業は，日本の産業の中でも重要な位置を占めることを期待を込めて記述していた．しかし，90年代のバブル崩壊とその後の日本経済の長期低迷によって，スポーツ産業は長い低迷に入った．

そのような中，3つの出来事がスポーツ界を変革させる契機となる．1つ目は，2011年スポーツ基本法の制定，2つ目は，2020東京オリンピック・パラリンピック競技大会の開催決定，そして3つ目は，スポーツ庁の設立である．

まず第1に2011年にスポーツ基本法が制定されたことによって，スポーツ界の流れが大きく変わることとなる．スポーツ基本法より以前には，1961年に1964年東京オリンピック開催の根拠法として成立したスポーツ振興法が存在した．スポーツ振興法からスポーツ基本法への概念の変化は，「Development of SportsからDevelopment through Sports」と言われる．すなわち，スポーツの発展を期していたスポーツ振興法から，スポーツが国家や社会の発展に貢献することが期待された．また，基本的人権としてスポーツをする権利である「スポーツ権」が認められ，さらに具体的な組織として，それまで文部科学省内の1つの部局であった「スポーツ・青少年局」が，「スポーツ庁」として独立（文部科学省の外局）することになった．

図2-1は，スポーツ基本法の概略である．「スポーツは，世界共通の人類の文化である」と定められ，「競技水準の向上」と「地域スポーツの推進」，それからその2つを繋ぐ「我が国のスポーツの発展を支える好循環」が定められてい

スポーツは，世界共通の人類の文化である

スポーツ基本法の前文は，この言葉から始まります．
前文では，スポーツの価値や意義，スポーツの果たす役割の重要性が示されています．

- スポーツを通じて幸福で豊かな生活を営むことは，全ての人々の権利
- 全ての国民がその自発性の下に，各々の関心，適性等に応じて，安全かつ公正な環境の下で日常的にスポーツに親しみ，スポーツを楽しみ，又はスポーツを支える活動に参画することのできる機会を確保
- スポーツは，次代を担う青少年の体力を向上．他者を尊重しこれと協同する精神，公正さと規律を尊ぶ態度や克己心を培い，実践的な思考力や判断力を育む等人格の形成に大きな影響
- スポーツは，人と人，地域と地域との交流を促進し，地域の一体感や活力を醸成し，地域社会の再生に寄与．心身の健康の保持増進にも重要な役割を果たし，健康で活力に満ちた長寿社会の実現に不可欠
- スポーツ選手の不断の努力は，人間の可能性の極限を追求する有意義な営み．国際競技大会における日本人選手の活躍は，国民に誇りと喜び，夢と感動を与え，国民のスポーツへの関心を高める．これらを通じて，我が国社会に活力を生み出し，国民経済の発展に広く寄与
- スポーツの国際的な交流や貢献が，国際相互理解を促進し，国際平和に大きく貢献するなど，スポーツは，我が国の国際的地位の向上にも極めて重要な役割

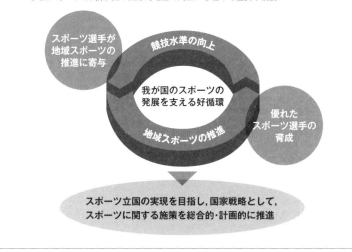

図2-1　スポーツ基本法の概略

（出所）スポーツ基本法リーフレットより（http://www.mext.go.jp/a_menu/sports/kihonhou/，2018年4月20日閲覧）．

る.また,スポーツ基本法には,「スポーツ産業の事業者との連携」が明記され,初めて「スポーツ産業」のキーワードが登場した.

その後,2013年9月に,ブエノスアイレスで行われたIOC総会にて2020東京オリンピック・パラリンピック競技大会の開催が決定し,スポーツ界の盛り上がりは高まっていくことになる.そのような中で,2015年にはスポーツ庁が発足した.初代長官にソウルオリンピック100m背泳ぎ金メダリストである鈴木大地が就任し,スポーツ・青少年局を引き継ぐ形ながら,複数の省庁の合同によってスポーツ庁が作られた.「スポーツ庁」の組織図を示したのが**図2-2**である.スポーツ庁は,政策課,健康スポーツ課,競技スポーツ課,国際課,オリンピック・パラリンピック課,参事官(地域振興担当),参事官(民間スポーツ担当)の5課2参事官体制が捉えられた.特徴的なところは,第1に,以前は学校体育中心で考えられていたスポーツ行政が,学校体育が政策課に取り込まれたことである.また第2に,健康スポーツ課,および,障害者スポーツ振興室が設置されたことである.これまで障害者スポーツの担当は厚生労働省が担い,体育行政とは分断されていた.それがスポーツ庁発足と共に1つの組織となった.

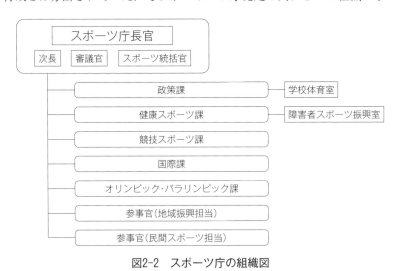

図2-2 スポーツ庁の組織図

(出所)スポーツ庁ホームページより(www.mext.go.jp/,2018年4月20日閲覧).

また，重要な組織として，「参事官（民間スポーツ担当）」がある．これは，政府機関として初めて民間のスポーツを振興するために組織され，スポーツ産業の拡大を図るための様々な施策を担当している．

具体的には，「日本再興戦略2016」［日本経済再成本部 2016］において，GDP600兆円の達成に向けた「官民戦略プロジェクト10」の1つとして，「スポーツの成長産業化」が明記された．目標として，スポーツ産業を5.5兆円から2025年までに15兆円にするKPIが掲げられ，産官学が連携してスポーツ産業を振興していく方向性が打ち出された．

官民戦略プロジェクト10は，具体的には，

① 第4次産業革命（IoT・ビッグデータ・人口知能）～「Society5.0」の実現に向けて～
② 世界最先端の健康立国へ
③ 環境・エネルギー制約の克服と投資拡大
④ スポーツの成長産業化
⑤ 既存住宅流通・リフォーム市場の活性化
⑥ サービス産業の活性化・生産性向上
⑦ 中堅・中小企業・小規模事業者の革新
⑧ 攻めの農林水産業の展開と輸出力の強化
⑨ 観光立国
⑩ 官民連携による消費マインドの喚起策

の10の戦略である．この④の施策に「スポーツの成長産業化」が取り上げられた．

スポーツ庁は，「日本再興戦略2016」においてスポーツが取り上げられたことから，具体的な施策を検討するために「スポーツ未来開拓会議」を設置した［スポーツ庁 2016］．「スポーツ未来開拓会議」は，スポーツ産業の推進に向けた基本的な考え方を，**表2-1**のように掲げた．

表2-1　スポーツ未来開拓会議の中間報告の提案

スポーツ産業の推進に向けた基本的な考え方
●全ての国民のライフスタイルを豊かにするスポーツ産業へ 　・「モノ」から「コト」(カスタマー・エクスペリエンス)へ ●「負担(コストセンター)」から「収益(プロフィットセンター)」へ 　・「体育」から「スポーツ」へ 　・ポスト2020年を見据えた，スポーツで稼ぎその収益をスポーツへ再投資する自律的好循環の形成 ●スポーツ産業の潜在成長力の顕在化，我が国基幹産業化へ 　・我が国GDP600兆円の実現 　・スポーツをコアとして周辺産業に波及効果を生む，新スポーツ産業の創出 ●スポーツを通じて社会を豊かにし，子どもたちの夢を形にするビジョンを提示

(出所) スポーツ庁 [2016].

また，具体的な課題として，表2-2のように定義された．

表2-2　スポーツ未来開拓会議で検討された具体的な課題

1) スタジアム・アリーナ改革 　・コストセンターからプロフィットセンターへ 2) スポーツコンテンツホルダーの経営力の強化 (新ビジネス創出の促進・人材育成) 　・プロ/アマチュアスポーツ振興及び人材育成 3) スポーツ分野の産業競争力強化 　・他産業との融合等による新たなビジネスの創出 　・スポーツ参加人口の拡大

(出所) スポーツ庁 [2016].

2. 日本スポーツ産業の経済推計

　スポーツ産業を考えるとき，マクロ的なスポーツ産業の経済規模は重要な指標となる．日本政策投資銀行は，スポーツ産業の経済規模を推計したスポーツサテライトアカウントを開発した［日本政策投資銀行地域企画部 2018］．スポーツサテライトアカウントとは，英国をはじめとした欧州諸国のスポーツ産業に関

表2-3 日本におけるスポーツ産業の経済規模（粗付加価値＝GVA）

	2011年	2012年	2013年	2014年
スポーツ産業（億円）	66,416	63,294	65,767	67,011
スポーツ産業成長率（2011年＝100%）	100.00%	95.30%	99.10%	100.90%
国内産業全体（億円）	4,769,053	4,664,833	4,720,909	4,785,253
国内全体の成長率（2011年＝100%）	100.00%	97.80%	99.00%	100.30%
国内産業に占めるスポーツ産業の割合	1.39%	1.36%	1.39%	1.40%

（出所）日本政策投資銀行地域企画部［2018］を参考に筆者作成.

する統計であり，経済計算に準拠し，国際比較が可能な形式で日本のスポーツ産業の経済規模の推計をしたものである．

　スポーツサテライトアカウントは，「スポーツ産業は一般の産業分類に横断的に存在する財・サービスの集合である」という考え方が基本となっている．つまり，「教育」「商業」「鉄鋼」のように独立した項目として，「スポーツ産業」という分類項目があるわけではなく，むしろ「教育」「商業」「鉄鋼」の中にスポーツに関する財・サービスが含まれていると考える．そのような考え方で計算した結果を示す．

　表2-3は，日本のスポーツ産業の経済規模である．2011年から2014年まで各産業分野の生み出した付加価値ベースで求めた値である．その結果，スポーツ産業は，およそ6.6〜6.7兆円であることが明らかとなった．2011年から2014年までのスポーツ産業の成長率を見ると，2011年を100%とした時，2012年は95.3%，2013年は99.1%，2014年は100.9%となった．国内全体の成長率を見ると，スポーツ産業の成長率とほぼ同じ推移であり，スポーツ産業も国内産業全体の動きに影響されていることがわかる．また，国内産業に占めるスポーツ産業の割合は，1.39%から1.40%であることが明らかとなった．これは，英国や欧州諸国においては，スポーツ産業は国内産業全体の2〜3%という報告もあり，日本においてはスポーツ産業の割合が低いことを示している．しかし，英国のスポーツ産業は，2012年ロンドンオリンピック・パラリンピックが開催されることが契機となって大きく成長したことが報告されている．東京2020オリンピッ

表2-4　日本におけるスポーツ産業の雇用者数（千人）

	2011年	2012年	2013年	2014年
スポーツ産業（千人）	1,011	983	1,015	1,033
スポーツ産業成長率（2011年＝100％）	100.00%	97.20%	100.30%	102.10%
国内産業全体（千人）	66,569	66,648	67,384	68,442
国内全体の成長率	100.00%	100.10%	101.20%	102.80%
国内産業に占めるスポーツ産業の割合	1.52%	1.47%	1.51%	1.51%

（出所）日本政策投資銀行地域企画部［2018］を参考に筆者作成．

ク・パラリンピック競技大会を控えた日本のスポーツ産業は，これからまだまだ伸び代があると考えられる．

表2-4は，日本におけるスポーツ産業の雇用者数を示した表である．スポーツ産業の雇用者数は，2011年101万1000人，2012年98万3000人，2013年101万5000人，2014年103万3000人であった．2011年を100％とした成長率を見ると，2012年が97.2％，2013年が100.3％，2014年は102.1％となった．国内全体の成長率と比較すると，若干ではあるが，2012年，2013年はスポーツ産業の雇用者数の成長率が低いことがわかる．また，2011年から2014年まで，国内産業の雇用者に占めるスポーツ産業の雇用者の割合は，1.5％程度であることが明らかとなった．

スポーツ産業の雇用者数の割合が1.5％は，スポーツ産業の経済規模（粗付加価値＝GVA）の1.39％より高い．これは，生産に対する付加価値よりも雇用者の方が割合が高いことを示しており，つまりスポーツ産業は，サービス分野に関する割合が高いことが読み取れる．

また，**表2-5**に分野別のスポーツ産業の経済規模（単位：億円）を大きい値から降順で示した．これは，産業横断型の特性があるスポーツ産業が，どのような産業に比重があるのかを示している．最も金額が大きいのは，2014年およそ2.7兆円の「スポーツ活動」である．この「スポーツ活動」は，プロスポーツクラブなどの興行団や競輪・競馬，スポーツ施設提供業などが含まれる．また，それ以外の分野については，2014年でおよそ1.2兆円の「教育」，6530億円の「小売」，4213億円の「卸売」などが続く．

表2-5　分野別のスポーツ産業の経済規模（単位：億円）

	2011	2012	2013	2014
スポーツ活動	26,023	25,308	26,872	27,108
教育	13,685	11,853	11,625	11,796
小売	6,033	5,824	6,353	6,530
卸売	4,115	3,983	4,224	4,213
その他サービス	2,343	2,255	2,414	2,406
ホテル・レストラン	1,684	1,678	1,614	1,755
情報通信	1,430	1,335	1,411	1,409
陸上輸送	1,200	1,242	1,280	1,304
食品飲料	1,225	1,243	1,226	1,254
建設	886	937	1,083	1,199
出版サービス	1,190	1,159	1,161	1,138
スポーツ用品	1,059	906	928	920
その他製造	735	754	743	750
機械設備のレンタル	492	602	645	659
電力・ガス・水道等	747	511	465	644
健康	552	615	617	630
旅行代理店	467	478	477	481
研究開発	458	397	406	431
農業	378	359	393	416
金融仲介	245	247	276	307
自転車	263	261	225	262
アパレル	297	274	258	254
広告，ビジネス活動	187	206	201	224
各種金属製品	151	157	169	169
保険	76	104	147	141
自動車のメンテナンス	2	104	116	131
医薬品	137	136	133	129
海上輸送	84	87	89	92
ゴム製品	64	73	72	78
繊維	107	91	77	77
機械設備	49	45	47	47
航空輸送	29	26	24	31
自動車	18	21	21	22
ボート/航空機	2	2	2	2
石炭・石油	2	2	2	1
合計	66,416	63,294	65,797	67,011

（出所）日本政策投資銀行地域企画部［2018］を参考に筆者作成。

3. 財　務

財務3表の関係性

これまで，スポーツ庁を中心とした政府のスポーツ産業への取り組みと，マクロ的な日本スポーツ産業の経済規模を確認してきた．ここからは，ミクロ的な着眼点で，スポーツに関連する企業の活動について，特に財務分析を手掛かりに見て行きたい．具体的な企業の事例をあげる前に，財務分析の基礎的な事項について確認したい．

財務諸表は基本的に3つある．貸借対照表（Balance Sheet），損益計算書（Profit and Loss），キャッシュ・フロー計算書（cash flow statement）である．國貞［2016］を基に，この関係性を示したのが図2-3である．

まず重要な点は，企業活動は，「お金を集める」「投資する」「利益を集める」の3つのフェーズに集約されるという点である．「お金を集める」は，借入や社債の発行，株式の発行などによって原資の調達をビジネスを開始するための資金調達フェーズである．「投資する」は，材料を購入したり，工場を建てたりするビジネスの基盤を作るフェーズである．「利益を上げる」は，ビジネスの結果として収益をあげるフェーズである．「お金を集める」「投資する」「利益を上げる」のそれぞれの局面について，分かりやすく記載した方法が財務諸表ということになる．とくに，本書では以下で述べる貸借対照表（Balance Sheet；BS）と損益計算書（Profit and Loss：PL）を使ってスポーツ企業を説明していく．

表2-6　財務3表と役割

財務諸表	役割
貸借対照表（BS）	一時点における企業の財務状況を示す
損益計算書（PL）	一会計期間における企業の収益構造を示す
キャッシュ・フロー計算書（CS）	一会計期間の企業のキャッシュの流れを示す

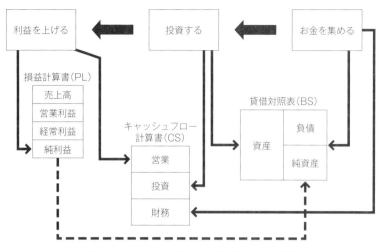

図2-3 BS, PL, CSと企業活動との関係性

(出所) 國貞[2016]を基に筆者作成.

貸借対照表（バランスシート：BS）

表2-7は，貸借対照表（バランスシート：BS）を示している．BSの右側は貸方と呼ばれ，左側は借方と呼ばれる．右側の貸方は，「お金を集める」フェーズにおいて，どのように資金調達したのかを示している．具体的には，「負債」と「純資産」に分類され，「負債」は，金融機関からの借り入れや会社の発行した社債などが含まれる．とくに1年以内に返済しなければいけない負債のこ

表2-7 貸借対照表（BS）の構造

運用：どう使ったか？（借方）			調達：どう集めたか？（貸方）	
資産	流動資産 現金化しやすい		負債	流動負債 1年以内に返済
	固定資産 現金化しにくい			固定負債 1年以後に返済
			純資産	株主資本 前年までの利益 返さなくて良い

とを「流動負債」，1年以後に返済すればよい負債を「固定負債」と呼ぶ．また，「純資産」は，資産から負債を引いた残りであり，返済しなくてよい純粋な資産のことである．具体的には，株主資本，評価・換算差額等，新株予約権，非支配株主持分で構成され，代表的には株主の持分であり，前年までの利益もこの純資産に利益剰余金として記載される．

　また一方，その集めたお金をどのように使ったのか，を示したのが左側の借方であり「資産」の現状を示す．「資産」には「流動資産」と「固定資産」があり，流動資産は，現金や有価証券など，通常1年以内に現金化できる資産を指す．固定資産は，土地や建物など，1年以上会社で使用する資産のことを指す．

　ポイントは，運用を示す左側の借方と調達を示す右側の貸方が必ずイコールになるように作られる．つまり資産＝負債＋純資産が必ず成立するように作成されている．

　具体的な例として，表2-8に2016年度J1リーグの18クラブのバランスシートを示した．Jリーグは，J1，J2，J3ともに全クラブの財務状況が毎年公表されJリーグホームページから確認できる．2016年度の順位は，筆者が追加した．

　J1リーグのバランスシートを確認したい．まず借方である運用を示す資産の部で最も大きな値は，鹿島の30億2100万円であり，続いてFC東京の23億1000万円である．あるいは資産の小さいクラブは，湘南の4億1100万円と続いて甲府の6億1500万円である．このように，全クラブの資産，負債，資本（純資産）の状況について確認することができる．

　また，J1クラブのバランスシートも資産＝負債＋純資産（資本の部）が成立していることを確認したい．例えば，仙台は，資産の部の合計が13億3600万円である．負債の部の合計が8億4600万円，資本の部の合計が4億9000万円であるから，負債の部と資本の部を合計すると13億3600万となり，資産＝負債＋純資産（資本の部）が成立していることが確認できる．

表2-8　2016年度J1クラブのBS（単位：100万円）

		仙台	鹿島	浦和	大宮	柏	FC東京	川崎F	横浜FM	湘南
	2016年度クラブ順位	12	1	2	5	8	9	3	10	17
資産	流動資産	711	1,959	802	412	168	2,077	207	1,608	349
	固定資産等	625	1,062	1,213	898	2,057	233	1,751	466	62
	資産の部　合計	1,336	3,021	2,015	1,310	2,225	2,310	1,958	2,074	411
負債	流動負債	553	990	627	645	1,209	372	819	1,897	283
	固定負債	293	153	201	654	0	5	182	158	42
	負債の部　合計	846	1,143	828	1,299	1,209	377	1,001	2,055	325
資本	資本金	454	1,570	273	100	100	1,137	349	99	658
	資本剰余金等	0	147	113	240	932	0	31	0	288
	利益剰余金	36	161	801	▲329	▲16	796	577	▲80	▲860
	資本（純資産）の部 合計	490	1,878	1,187	11	1,016	1,933	957	19	86

		甲府	新潟	磐田	名古屋	G大阪	神戸	広島	福岡	鳥栖
	2016年度クラブ順位	14	15	13	16	4	7	6	18	11
資産	流動資産	396	766	728	500	778	757	1,406	394	1,004
	固定資産等	219	637	799	264	1,066	614	285	338	37
	資産の部　合計	615	1,403	1,527	764	1,844	1,371	1,691	732	1,041
負債	流動負債	318	639	586	351	1,514	1,077	446	490	960
	固定負債	47	320	68	159	67	131	35	90	66
	負債の部　合計	365	959	654	510	1,581	1,208	481	580	1,026
資本	資本金	367	712	679	105	10	98	220	176	889
	資本剰余金等	0	0	0	0	0	561	52	246	740
	利益剰余金	▲117	▲268	194	149	253	▲496	938	▲270	▲1,614
	資本（純資産）の部 合計	250	444	873	254	263	163	1,210	152	15

（出所）Jリーグ「Jクラブ個別経営情報開示資料（平成28年度）」（https://www.jleague.jp，2018年3月10日閲覧）より筆者作成．

◆自己資本比率と流動比率

　バランスシートから読み取れる指標に自己資本比率と流動比率がある．これらは「安全性」を表す指標と言われる．

○流動比率

・流動比率とは，流動比率＝流動資産÷流動負債×100
　現金化しやすい資産とすぐに返済すべき負債の比率．短期的な安全性を検証する．

○自己資本比率
・自己資本比率とは，自己資本比率＝純資産÷総資産×100
　総資産に占める純資産の割合を示し，中期的な安全性を検証する．

表2-9　貸借対照表（Balance Sheet：BS）

借方	貸方
資産の部	負債の部
Ⅰ流動資産 　　現金預金 　　受取手形 　　売掛金 　　有価証券 　　製品 　　仕掛品 　　材料 　　前払費用 　　繰延税金資産 　　貸倒引当金 Ⅱ固定資産 　　有形固定資産 　　　　建物 　　　　機械 　　　　器具設備 　　　　土地 　　　　建設仮勘定 　　無形固定資産 　　　　のれん 　　　　特許権 　　投資その他の資産 　　　　投資有価証券 　　　　出資金 　　　　長期前払費用 　　　　繰延税金資産 Ⅲ繰延資産 　　開発費 　　株式交付費	Ⅰ流動負債 　　支払手形 　　買掛金 　　短期借入金 　　未払費用 　　修繕引当金 　　未払法人税 　　繰延税金負債 Ⅱ固定負債 　　社債 　　長期借入金 　　繰延税金負債 　　退職給付引当金 　　　　　　　　負債合計 純資産の部 Ⅰ株主資本 　　資本金 　　資本剰余金 　　利益剰余金 　　自己株式 Ⅱ評価・換算差額等 　　その他有価証券評価差額金 　　繰延ヘッジ損益 　　土地再評価差額金 Ⅲ新株予約権 　　　　　　　　純資産合計
資産合計	負債・純資産合計

損益計算書(Profit and Loss：PL)

次に損益計算書の説明である．損益計算書は，会社の一会計期間における経営成績を示す決算書である．収益と費用とを示して，その差額として利益を示す．収益−費用＝利益を明記することによって，ビジネスにおける収益構造を読み取ることができる．

◆損益計算書（PL）の代表的指標

$$売上高営業利益率 = 営業利益 \div 売上高 \times 100$$

売上に占める営業利益の割合であり，ビジネスの効率性，コスト効率を示す．

$$売上高経常利益率 = 経常利益 \div 売上高 \times 100$$

売上に占める経常利益の割合．収益性，効率性を示す．

表2-10 損益計算書の例

	第○期	意 味
売上高		ビジネスのインパクト
売上原価（※売れた分だけの原価）		
売上総利益（粗利）		商品の売上でいくら稼いだか
販売費・一般管理費		
営業利益		本業の成果を示す
営業外収益		
営業外費用		
経常利益		副業を含めた企業全体の成果
特別利益		
特別損失		
税引前当期純利益		
法人税等		
当期純利益		純粋な利益がいくら残ったか
親会社株主に帰属する当期純利益		

表2-11 J1クラブの損益総括（損益計算書）

		仙台	鹿島	浦和	大宮	柏	FC東京	川崎F	横浜FM	湘南	甲府
	2016年度クラブ順位	12	1	2	5	8	9	3	10	17	14
営業収益		2,285	5,582	6,606	3,203	2,874	4,541	4,254	4,696	1,627	1,523
	広告料収入	908	1,958	2,593	2,077	1,929	1,935	1,809	2,366	681	736
	入場料収入	608	869	2,375	398	435	961	907	1,005	331	342
	Jリーグ配分金	211	232	319	216	185	245	222	224	185	193
	アカデミー関連収入	81	283	14	174	30	444	168	315	0	59
	物販収入	183	540	778	165	61	289	476	509	199	61
	その他収入	294	1,700	527	173	234	667	672	277	231	132
営業費用		2,428	4,825	6,426	3,194	2,830	4,447	3,923	4,696	1,628	1,499
	チーム人件費	1,187	1,929	2,381	1,411	1,753	2,025	1,643	1,966	798	736
	試合関連経費	115	372	594	229	132	482	195	354	104	88
	トップチーム運営経費	215	444	450	487	180	472	279	395	113	182
	アカデミー運営経費	64	149	113	73	39	258	44	225	0	28
	女子チーム運営経費	44	0	71	0	0	0	0	0	0	0
	物販関連費	116	428	502	142	48	240	378	351	129	42
	販売費および一般管理費	687	1,503	2,315	852	678	970	1,384	1,405	484	423
営業利益（▲損失）		▲143	757	180	9	44	94	331	0	▲1	24
	営業外収益	28	43	8	3	23	46	1	40	8	8
	営業外費用	4	5	4	12	3	19	1	30	3	14
経常利益（▲損失）		▲119	795	184	▲0	64	121	331	10	4	18
	特別利益	0	0	65	0	0	0	0	0	0	1
	特別損失	0	0	0	0	0	0	0	0	0	0
税引前当期利益（▲損失）		▲119	795	249	▲0	64	121	331	10	4	19
	法人税および住民税等	0	185	76	▲0	7	38	114	0	1	11
当期純利益（▲損失）		▲119	610	173	0	57	83	217	10	3	8

		新潟	磐田	名古屋	G大阪	神戸	広島	福岡	鳥栖	J1総合計	J1平均
	2016年度クラブ順位	15	13	16	4	7	6	18	11		
営業収益		2,908	3,303	4,713	5,146	3,865	3,794	1,836	2,766	65,522	3,640
	広告料収入	1,049	1,569	3,088	1,817	2,221	1,620	618	1,631	30,605	1,700
	入場料収入	679	474	761	1,390	427	563	275	553	13,353	742
	Jリーグ配分金	218	219	208	288	190	290	207	190	4,042	225
	アカデミー関連収入	194	234	203	140	219	93	175	95	2,921	162
	物販収入	277	294	187	588	130	487	112	152	5,488	305
	その他収入	491	513	266	923	678	741	449	145	9,113	506
営業費用		2,959	3,263	4,565	4,882	3,823	3,435	1,814	2,785	63,422	3,523
	チーム人件費	1,220	1,378	1,984	1,900	2,068	1,553	937	1,476	28,345	1,575
	試合関連経費	269	422	275	832	337	271	142	272	5,485	305
	トップチーム運営経費	225	227	550	426	171	423	187	153	5,579	310
	アカデミー運営経費	150	238	191	121	70	156	67	53	2,039	113
	女子チーム運営経費	61	0	0	0	0	0	0	0	176	10
	物販関連費	222	168	120	451	143	314	92	103	3,989	222
	販売費および一般管理費	812	830	1,445	1,152	1,034	717	389	728	17,808	989
営業利益（▲損失）		▲51	40	148	264	42	359	22	▲19	2,100	117
	営業外収益	179	24	28	52	14	6	4	31	546	30
	営業外費用	14	3	10	296	15	9	3	2	447	25
経常利益（▲損失）		114	61	166	20	41	356	23	10	2,199	122
	特別利益	0	35	35	0	0	35	0	0	171	10
	特別損失	0	0	8	0	0	0	0	0	8	0
税引前当期利益（▲損失）		114	96	193	20	41	391	23	10	2,362	131
	法人税および住民税等	17	34	44	0	12	79	2	1	621	34
当期純利益（▲損失）		97	62	149	20	29	312	21	9	1,741	97

（出所）Jクラブ個別経営情報開示資料（平成28年度）（https://www.jleague.jp、2018年3月10日閲覧）。

表2-12 クラブ順位とPL項目との相関係数

2016年度クラブ順位	営業収益	広告料収入	入場料収入	Jリーグ配分金	アカデミー関連収入	物販収入	その他収入
相関係数	0.71	0.50	0.55	0.57	0.08	0.65	0.59

2016年度クラブ順位	営業費用	チーム人件費	試合関連経費	トップチーム運営経費	アカデミー運営経費	女子チーム運営経費	物販関連費
相関係数	0.67	0.66	0.50	0.47	0.05	0.04	0.72

(出所) Jクラブ個別経営情報開示資料(平成28年度)(https://www.jleague.jp, 2018年3月10日閲覧)より筆者分析.

表2-11にJ1クラブの損益総括(損益計算書；PL)を示した.

表2-12にクラブ順位とPLの営業収益および営業費用のそれぞれの各項目との相関係数を算出した．なお，クラブ順位は，順位が良い方が高い得点になるように操作したため，相関係数が高い方が順位が良くなることと関係していることを示している．その結果，営業収益では，営業収益そのものと順位との関係性が最も強く（相関係数＝0.71），順位が良いほど全体の収益が高い関係性があることがわかる．また，営業収益の各項目では，物販収入（相関係数＝0.65）が最も高く，順位が良いほど物販収入が高くなることを示している．また，営業費用では，営業費用との関係性（相関係数＝0.67）はそれなりに高く，順位が良いほど営業費用がかかることがわかる．特にチーム人件費（相関係数＝0.66）と物販関連費（相関係数＝0.72）は順位との関係性が高いことがわかる．

ROEとROA

ここまで，バランスシートと損益計算書についてそれぞれ説明してきた．さて，ここで，ある企業が経営効率が良いかどうか，どのように判断すべきであろうか．

・A企業　利益100万円　総資産1000万円，純資産500万円
・B企業　利益100万円　総資産100万円，純資産50万円

上記2つの企業を比較すると，B企業の方が経営的に優れていそうである．

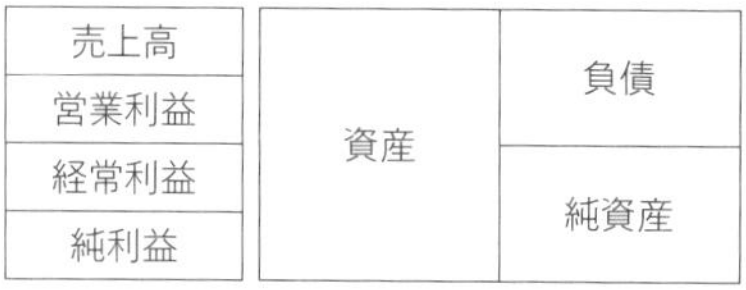

```
売上高
営業利益      資産    負債
経常利益
純利益              純資産
```

図2-4 PLとBS

なぜなら少ない資産でA企業と同じだけの利益をあげているからである．この関係性を示した指標にROA（総資産利益率），ROE（自己資本利益率）がある．

ROA＝経常利益÷総資産×100

ROE＝当期純利益÷自己資本×100

（※自己資本＝純資産－新株予約権－少数株主持分．つまり株主から預かったお金）

ROAが示すのは，BSの左側の資産合計がどれだけ利益を生み出したのか，ROEが示すのは，BSの右側下の純資産（≒自己資本）がどれだけ純利益を生み出したのか，である．したがって，ROAは，企業目線（経営者目線）の経営効率であり，ROEは株主目線の経営効率と言える．

4. スポーツ用品製造業

スポーツ用品ビジネスの特殊性と困難性

1906年に創業した美津野株式会社をはじめとして，日本のスポーツ産業の歴史は古く，諸外国と比較しても優れた企業が数多く存在する．とくにスポーツ用品メーカーは，日本スポーツ産業の代表選手であり，スポーツを成立させるために不可欠な産業分野の1つである．もちろんスポーツの中には専門的な用具や用品を用いてやる必要のないものも数多くあるだろうし，実施のレベルによっても専門用具の必要性は異なる．しかし，現代スポーツは，オリンピックやワールドカップに代表されるような，高度なルール化と大衆化に特徴があり，スポーツ専門の用品製造メーカーがなければ成立しないほど，用具は高度化し，高度な技術が必要とされている．したがって，オリンピック・パラリンピック種目に代表される近代スポーツを充分に実施しようとする時，専門的なシューズ，ユニフォーム，その他専門のスポーツ用品は欠かせない要素である．東京

2020オリンピック・パラリンピックを迎える日本において，スポーツ庁の主導によりスポーツ産業の経済規模の拡大が求められている中，今こそスポーツ用品・販売のビジネスについて考える必要があるのではないかと考えられる．

　まず，スポーツ用品メーカーの特殊性について考えたい．世界最大のスポーツ用品メーカーはNIKEで米国オレゴン州に本社を置く．売上高がおよそ340億ドル（1ドル＝100円で3兆4000億円）を超える巨大企業であり，ニューヨーク証券取引所のダウ30銘柄にも選ばれている．もともとは1962年にオニツカタイガー（現アシックス）の米国販売権を取得し，1964年に会社を設立して代理販売を手がけていた．現在では，巨大企業になったナイキであるが，成功要因としては，マイケル・ジョーダンをはじめとする有名選手とタイアップすることによるイメージの向上と，それに伴い，一般消費者に街中で普段使いの商品としてスポーツ用のアパレルを着用させることに成功したことが大きいと考えられる．つまりNIKEは，専門的なスポーツ用品はもちろんのこと，アパレルブランドとして，消費者のスポーツ用品メーカーの必需品を生み出す企業となっていると言える．

　一方，そうであるならば，スポーツ用品メーカーがスポーツ用品メーカーと認識される条件は何か，ということが問題となる．例えばファーストリテイリングが展開するUNIQLOは，錦織圭選手をはじめとするトップアスリートへのスポンサードを行い，アスリートのイメージを企業価値の向上に使用している．さらに直接的には「ユニクロスポーツ」というスポーツ用のブランド立ち上げスポーツ商品を揃えている．「ユニクロスポーツ」のアパレルを着てスポーツをする人も少なくないだろう．

　しかし，UNIQLOという企業をスポーツメーカーという人はまずいないと思われる．一方で，NIKEを単純なアパレルブランドという人もいないであろう．そこで，スポーツ用品メーカーの特殊性を以下にあげた．

表2-13 スポーツ用品メーカーのビジョン

デサント	企業理念： すべての人々に，スポーツを遊ぶ楽しさを スポーツ本来の「体を動かす楽しさ」，「競い合う楽しさ」を提供することで，1人1人のいきいきとしたライフスタイルの創造に貢献します 企業スローガン：Design for Sports
アシックス	社名：Anima Sana in Corpore Sanoの頭文字をとってASICS もし神に祈るならば，健全な身体に健全な精神があれかしと祈るべきだ（"Anima Sana in Corpore Sano"）」という帝政ローマ時代の風刺作家ユベナリスの言葉
ミズノ	企業理念：より良いスポーツ品とスポーツの振興を通じて社会に貢献する
YONEX	スポーツごころを世界に 企業理念：独創の技術と最高の製品で世界に貢献する

（出所）各社ホームページ等より筆者作成.

① スポーツビジョンを掲げる

　当然かもしれないが，スポーツ用品メーカーは，スポーツに関する企業理念やビジョン，スローガンが全ての経営の中心にある．

② トップアスリートおよびスポーツのテクノロジーを研究し続ける必要がある

　アシックスのスポーツ工学研究所に代表されるように，スポーツ用品各社はトップアスリートやスポーツに関するテクノロジーを研究し続け，パフォーマンスの向上や快適性の向上を目指す必要がある．

③ しかも研究（開発）すべきスポーツ分野や商品が多い

　スポーツ種目は数多く，例えば東京2020オリンピック競技大会だけでも，33競技339種目が予定されている．野球のスパイクとサッカーのスパイクでは，同じスパイクでも根本的にテクノロジーは異なるであろう．しかも，ただ商品の能力が向上すれば良いのではなく，ルールで定められた基準内の仕様で最大限のパフォーマンスを発揮する用品・用具が求められる．

④ 需要量がスポーツの流行に影響される

⑤ スポーツで培ったブランドイメージを一般の市場へのマーケティングへ訴求する

スポーツ企業の財務状況

表2-14に日本の代表的なスポーツ用品製造業の上場企業の財務状況を示した．ミズノ，デサント，ヨネックス，ゴールドウィン，ゼットは2016年4月1日から2017年3月31日の2016年度決算である．ただし，アシックスだけは12月決算のため，2016年1月1日から2016年12月決算を取り上げている．

売上高でみると，アシックスが最も大きく約4000億円，ミズノは約1900億円，デサントは約1300億円，ヨネックスは約610億円，ゴールドウィンは約609億円，ゼットは約403億円である．売上高は，商品がいくら売れたのか，というビジネスとしてのインパクトを示す指標となる．

表2-14 スポーツ用品メーカーの財務状況

(単位：100万円)

	アシックス	ミズノ	デサント	ヨネックス	ゴールドウィン	ゼット
売上高	399,107	188,718	131,543	61,043	60,903	40,335
売上原価	222,598	118,041	58,316	34,239	32,612	32,952
売上総利益	176,543	70,677	73,226	26,804	28,290	7,383
販売費及び一般管理費	151,070	69,233	65,013	22,656	24,477	7,090
営業利益	25,472	1,444	8,418	4,140	3,910	203
営業外収益合計	1,340	799	549	67	856	119
営業外費用合計	3,404	713	335	376	188	48
経常利益	23,408	1,529	8,631	3,839	4,578	364
特別利益合計	17	2,564	—	270	1	21
特別損失合計	1,291	1,089	98	0	258	—
税金等調整前当期純利益	22,133	3,004	8,533	4,109	4,321	386
法人税等合計	6,312	2,211	2,882	1,071	877	103
当期純利益	15,821	792	5,650	3,038	3,443	282
親会社株主に帰属する当期純利益	15,566	710	5,650	3,038	3,424	282

(出所) 2017年度決算，各企業の決算短信[1]より筆者作成．

表2-15 売上高に占める割合

	アシックス	ミズノ	デサント	ヨネックス	ゴールドウィン	ゼット
売上高販管費率 (経費の割合)	37.9%	36.7%	49.4%	37.1%	40.2%	17.6%
売上高総利益率 (原価が安ければ高い)	44.2%	37.5%	55.7%	43.9%	46.5%	18.3%
売上高営業利益率 (効率性,儲ける力)	6.4%	0.8%	6.4%	6.8%	6.4%	0.7%
売上高経常利益率 (収益力)	5.9%	0.8%	6.6%	6.3%	7.5%	0.9%
売上高当期純利益率 (最終的な利益率)	4.0%	0.4%	4.3%	5.0%	5.7%	0.7%

(出所) 各企業の決算短信より筆者分析,作成.

　一方,本業の成果を示す営業利益をみると,アシックスが約255億,ミズノが約14億,デサントが84億円,ヨネックスが約41億円,ゴールドウィンが39億,ゼットが約3億円となり,売上高に比較して,ミズノとゼットの営業利益の落ち込みが大きい.

　また同様に,当期純利益を見ると,アシックスが約158億円,ミズノが7.9億円,デサントは57億円,ヨネックス30億円,ゴールドウィン34億円,ゼット2.8億円である.

　これらの関係性を,売上高に占める割合で示したのが**表2-15**である.

　2016年度決算においては,ヨネックス,ゴールドウィン,デサントが利益率の観点では優れている.またミズノとゼットにおいては,営業利益率から成績が悪くなっており,売上高営業利益率は,企業の効率性や管理効率を図る指標である.

　表2-16に,6社の総資産,純資産,純資産,自己資本比率,ROA,ROEを示した.自己資本比率は,純資産に占める総資産の割合を示し,中期的な安全性を図る指標である.一般的に40%を超えると安全であると言われるが,ゼット以外の5社は50%を越しており,特にヨネックスとデサントは60%台後半であって倒産リスクが極めて少ない状況である.ゼットの自己資本比率も39.5%であるた

表2-16　経営指標

	アシックス	ミズノ	デサント	ヨネックス	ゴールドウィン	ゼット
総資産（百万円）	342,812	155,895	106,976	52,213	60,572	20,862
純資産（百万円）	201,207	88,518	70,944	34,988	31,918	8,246
自己資本比（％）	58.3	56.6	66.3	67.0	52.6	39.5
ROA	6.8	0.9	8.0	7.7	7.8	1.8
ROE	7.8	0.8	8.0	9.0	11.1	3.5

(出所) 各企業の決算短信より筆者作成.

め極端に悪くはない.

　また，ROAは，Return on Assetの略であり，総資産利益率を示す．企業が持つ資産が最終的な利益をどれほど生んだのか，という効率性を示す指標である．したがってROAが高いほど企業の資産の増加率（成長）が高いということになる．また，ROEは，Return On Equityの略であり，自己資本利益率を示す．企業の自己資本（株主資本）が最終的にどれほどの当期純利益を産んだのかを示す．株主にとって，自分が投下した資本がどれほど効率よく使われているのかの判断基準となり，このROEが高いほど，株主資本の成長スピードは早いことになる.

　以上の観点で6社を比較してみると，ゴールドウィンがROAとROE共に高いことがわかる．ROAは5以上，ROEは10以上あると良いと言われるが，両方共に高く，手持ちの資産も株主資本も効率よく使ってビジネスができていることが伺える．また，アシックス，デサント，ヨネックスも比較的良好な数値である．一方，ゼットとミズノは非常に値が低くなっており，本分析では単年度の値のみを見ているため，時系列的に数値を見る必要がある.

　以上のように，売上高のみでは分からない，企業の財務の安全性や効率性，成長性を勘案して，スポーツ用品メーカーにおいても企業分析をする必要がある.

表2-17 アシックスの商品別・地域別売上

		平成28年12月31日		平成29年12月31日	
		金額（百万円）	構成比（％）	金額（百万円）	構成比（％）
スポーツシューズ類	国内	71,015	17.8	72,020	18.0
	海外	258,633	64.8	261,371	65.3
	計	329,649	82.6	333,391	83.3
スポーツウエア類	国内	20,058	5.0	18,105	4.6
	海外	31,107	7.8	29,801	7.4
	計	51,166	12.8	47,907	12.0
スポーツ用具類	国内	10,486	2.6	10,947	2.7
	海外	7,805	2.0	7,912	2.0
	計	18,291	4.6	18,859	4.7
合計	国内	101,560	25.4	101,072	25.3
	海外	297,546	74.6	299,085	74.7
	計	399,107	100.0	400,157	100.0

（出所）アシックス平成29年12月期決算短信より筆者作成．

スポーツ用品メーカー各社の特徴

アシックスは，スポーツシューズがメインの商品であり，8割以上を占める．残りはスポーツウェアとスポーツ用具となる．また，売上の7割以上が海外での売上であることがわかる．海外での売上が大部分を占めることは，国内を主要マーケットとしている企業とは異なる点がある．1つは，日本国内での少子化によるマーケット縮小の影響を受けないで済むことである．現在もなお増加中の世界の人口をターゲットにしてビジネスを展開できる点は大きい．もう1つは日本円での決算において，為替の影響を受けやすいということがあげられる．円安であれば，業績が良くなり，円高であれば業績が悪化する．実際に，アシックス2017年12月期の決算のポイントでは，米州・欧州での減収があったことと並び，為替レートの悪化により前年度比で売上高では前年度を上回ったものの，営業利益を見ると増収減益であったことがわかる．

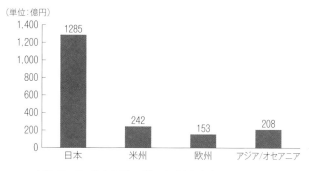

図2-5　ミズノのリージョン別売上高（2016年度）
（出所）美津濃株式会社決算説明資料より筆者作成．

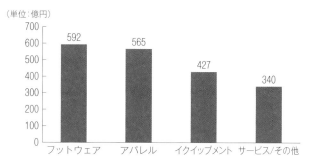

図2-6　ミズノのプロダクト別売上高（2016年度）
（出所）美津濃株式会社決算説明資料より筆者作成．

ミズノ

　ミズノは，日本を中心に，スポーツ用品を幅広く扱う総合的なスポーツ用品メーカーである．海外売上比率は，2015年度36％，2016年度32％であり，国内が中心である（図2-5）．財務分析で見たように，収益性の改善が急務であると思われる．一方で，1906年に創業した世界でもスポーツ用品メーカーとしては屈指の歴史がある会社であり，製造・販売しているスポーツ用品の種類は多く，スポーツの維持・普及・発展に欠かせない企業である．プロダクト別データでは，フットウェア，アパレル，イクイップメント，サービス/その他がバランスよく売り上げていることがわかる（図2-6）．

第　2　章　スポーツ産業論　　55

デサント

　デサントは,「デサント」が企業名であると同時に, ブランドでもある. というのは, デサント社としては, ブランドは,「デサント」だけではなく, オリジナルブランドとしては, デサント・イノヴェイト・シセイストの3つであり, 売上全体の40％にしかすぎない. その他は, テリトリー限定で商標権を有するブランドとして, アリーナやルコックスポルティフなどのテリトリー限定自社ブランドが全体の51％を占める. 残りの9％は, デサントがライセンス契約に基づき展開しているブランドであり, マーモットやランバンスポールなどが含まれる (表2-18).

　また, デサントの地域別売上を見ると, 日本が43％, 欧米が3％, アジアが54％とアジアに強みがある (図2-7). また, 商品別では, アスレチックウェアが64％, ゴルフウェが27％, アウトドアウェアが9％となり, スポーツウェアに強みがあることがわかる (図2-8).

表2-18　デサントのブランド展開

自社ブランド	オリジナルブランド	40%
	デサント イノヴェイト シセイスト	
自社ブランド（テリトリー限定）	テリトリー限定で商標権を有するブランド	51%
	アリーナ ルコックスポルティフ マンシングウェア アンブロ スキンズ	
ライセンスブランド	デサントがライセンス契約にもとづき展開しているブランド	9%
	マーモット ランバン　スポール カッターアンドバック バボラ スリクソン アヴィア ライカ	

（出所）株式会社デサント第60期株主通信より筆者作成.

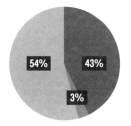
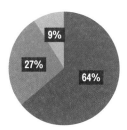

図2-7 デサント地域別売上

（出所）株式会社デサント第60期株主通信より筆者作成.

図2-8 デサントの商品別割合

（出所）株式会社デサント第60期株主通信より筆者作成.

ヨネックス

　ヨネックスは，バドミントンとテニス，ゴルフが主要な用品メーカーであり，施設事業としてゴルフ場経営も手がけている．

　国内海外セグメント別売上高をみると，日本が64%であり，次いでアジアが28%と日本とアジアで9割以上を占めることが読み取れる（図2-9）．また，品目別には，バドミントンが55%，テニス用品が13%，ゴルフ用品が2%である（図2-10）．

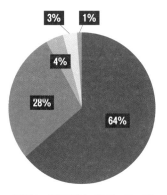
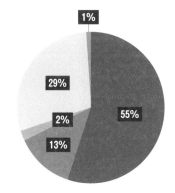

図2-9 ヨネックスセグメント別売上高

（出所）ヨネックス第61期中間株主通信より作成.

図2-10 ヨネックス品目別売上高

（出所）ヨネックス第61期中間株主通信より作成.

ゴールドウィン

マルチブランドに強みがある．近年は，増収傾向であり，財務分析で見たように経営指標も良好である．以下にゴールドウィンが商標権を持つブランドを挙げる．

> ゴールドウィン，ゴールドウィンモーターサイクル，シースリーフィット，エムエックスピー，スピード，エレッセ，ダンスキン，カンタベリー，ブラック&ホワイト，アンパスィ，ナプリィ，ザ・ノース・フェイス，ヘリーハンセン，マックパック，アイスブレーカー，エスティボ，241，スクリート，フィッシャー，プロフェシオ，ニュートラルワークス，サタディ・イン・ザ・パーク，ザ・ノース・フェイス グローブウォーカー，マウンテン ギア スタンド

財務分析で見たように，ROE 11%を記録するなど好調のゴールドウィンであるが，ヘンリーハンセンや，ザ・ノース・フェイスなどのブランドのアウト

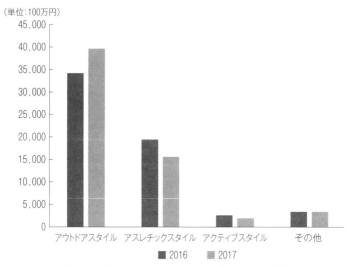

図2-11　ゴールドウィンのスタイル別商品売上

（出所）ゴールドウィン66期報告書より筆者作成．

ドア関連用品が特に経営状態をよくしている．2016年2017年決算では，アウトドアスタイルだけが伸びていることがわかる（図2-11）．

注

1) 株式会社アシックス，平成28年12月期決算短信〔日本基準〕（連結）．美津濃株式会社，平成29年3月期決算短信〔日本基準〕（連結）．株式会社デサント，平成29年3月期決算短信〔日本基準〕（連結）．ヨネックス株式会社，平成29年3月期決算短信〔日本基準〕（連結）．株式会社ゴールドウィン，平成29年3月期決算短信〔日本基準〕（連結）．ゼット株式会社，平成29年3月期決算短信〔日本基準〕（連結）．

参考文献

國貞克則［2016］『財務3表図解分析法』朝日新聞出版（朝日新書）．

スポーツ庁［2016］「スポーツ未来開拓会議中間報告――スポーツ産業ビジョンの策定に向けて――」(http://www.meti.go.jp/press/2016/06/20160614004/20160614004-1.pdf，2018年3月10日閲覧)．

通商産業省産業政策局編［1990］『スポーツビジョン 21――スポーツ産業研究会報告書――』．

日本経済再生本部［2016］「日本再興戦略 2016」(https://www.kantei.go.jp/jp/singi/keizaisaisei/pdf/2016_zentaihombun.pdf，2018年3月10日閲覧)．

日本政策投資銀行地域企画部［2018］「わが国スポーツ産業の経済規模推計――日本版スポーツサテライトアカウント――」(https://www.dbj.jp/ja/topics/region/industry/files/0000030092_file2.pdf，2018年3月10日閲覧)．

ウェブ資料

Jリーグ「Jクラブ個別経営情報開示資料（平成28年度）」(https://www.jleague.jp) 2018年3月10日閲覧．

スポーツ庁「スポーツ庁の組織図」(www.mext.go.jp/) 2018年4月20日閲覧．

文部科学省「スポーツ基本法」(http://www.mext.go.jp/a_menu/sports/kihonhou/) 2018年4月20日閲覧．

3 sports industry
フィットネスクラブ産業論

1. フィットネス産業の領域

フィットネス業界の動向[1]

黎明期（1960〜1970年代）

日本における民間フィットネスクラブの起こりは1964年の東京オリンピック後に，水泳の選手や指導者によって個別に行われるようになった「スイミング教室」にある．

1969年にセントラルスポーツが「子どもたちに水泳を教えて将来の金メダリストをつくる」という志のもと設立された．後を追うように，1971年にはダイエーレジャーランド，1973年には日本体育施設運営（NAS），1974年にはピープル（コナミスポーツクラブの前身）がそれぞれスイミングスクール1号店をオープンし，これらの先行企業を中心にスイミングスクール業界は急速に拡大していくことになる．

同時に，日本には一連のスポーツブームが起こっていた．多くは米国文化にならったものであり，ボウリング，ジョギング，ジャズダンス，テニスと続いた．この流れから，1970年に東京アスレティッククラブが初の会員制総合スポーツクラブを東京・中野にオープン．1972年ドゥ・スポーツプラザも東京・晴海の工場跡地に開業した．また，テニススクールからは，1979年にディックルネサンス（ルネサンスの前身）が関東で，1981年にはオージースポーツ（大阪ガス）が

関西でそれぞれ事業をスタートさせている．

成長・発展期（1980年代）

1981年には"エアロビクス"という言葉が広がり，若い女性を中心にブームが起こった．エアロビクスとはジョギング・ダンス・水泳などの有酸素運動のことで，持久力向上やシェイプアップを促進するねらいがある．これらの種目を統合し，日本で初めて「フィットネスクラブ」の名を冠して開業したのが，1983年セントラルスポーツの「ウィルセントラルフィットネスクラブ新橋」であった．また同年，ピープルも「エグザス」ブランドで，スタジオ・ジムタイプのクラブを東京・青山にオープンさせた．このとき「入会金1万円，月会費1万円，利用料なし」という現在のクラブ料金システムの原型がつくられた．

1980年代後半に入ると，日本経済は「バブル」の兆候を見せ始めた．1980年代最後の3年間には年間200件を超える総合型のクラブがオープンし，フィットネス業界最大の成長期を迎えた．当時はスイミングスクールが少子化の影響を受け始めていた時期でもあった．そのためスイミングスクールで先行していたピープル，セントラルスポーツ，NASは，既存のスイミングプールにジムとスタジオを付け加えるなどして，成人も集客できる総合フィットネスクラブへと業態転換を図っていった．またこの頃，業界の成長度と健康的なイメージの良さから，異業種の大手企業の参入も加速．グンゼが1985年に尼崎市のショッピングセンター内に大型総合クラブ「グンゼスポーツ」を開業．1987年にはサントリーが「ティップネス」を渋谷にオープンさせている．1988年は史上最高の年間新規開設施設数，242軒を記録した．しかし，バブル経済が崩壊すると，深刻な景気低迷で一般消費者の財布の紐が固くなり，各クラブは入会者を減らし収入も縮小均衡となっていった．

調整・復調期（1990年代）

そうした傾向を敏感に読み取り，いち早く低成長，低消費の時代にマッチし

たクラブ開発・運営手法をとる企業が現れ「ローコスト経営」手法が定着していった．だが，消費の冷え込み，入会者減は業界各社の予想を超えるものであった．すべてのクラブが生き残りをかけてコスト削減に取り組むとともに，入会者を増やすための営業とプロモーションを強化した．

それまで一律だった月会費を施設規模に合わせて見直し，さらにナイト会員やホリデイ会員など，時間軸や空間軸で制限をもたせた会員種別を，6～7割程度の価格で発売した．これにより，客単価は下がるものの会員数が大幅に増加，利用者数も増え施設稼働率が改善された．また，クラブにとって主要なコストは3つあり，人件費，賃借料，水道光熱費で約6割を占めていた．建築費を抑え，社員をアルバイトスタッフに替え，水道光熱費を削減するなど，様々なコスト削減に取り組んだ．加えて，グループエクササイズの拡充や物品販売の強化など様々なマーケティング策を打ち出し，総売上高と営業利益，投資効率などが大幅に改善された．

このような変化に積極的に対応した大手企業に比べ，独立系のクラブの一部は変化に対応できず，徐々に経営を悪化させていった．そうしたクラブを大手企業が肩代わりし，施設をリニューアルして経営を再建していった．こうしてフィットネス業界大手企業は，長期にわたる不況にもかかわらず，業績を伸ばしていくことに成功していく．この結果，日本の市場が二極化の傾向を強めていった．

再編・再調整期（2000年代）

2000年から2001年への世紀の変わり目には，コンピュータ問題などの対応に迫られたが，業界再編の始まりと新たな成長を感じさせる出来事が立て続けに起こった．

2000年にセントラルスポーツが業界初の株式公開，2001年にはティップネスとレヴァンの大手企業同士の合併，最大手企業のピープルがコナミに売却された．折しも日本経済はITバブルが崩壊，財政引き締めが続き，公共政策が削

減され,景気は悪化の一途をたどることになる.この頃から親会社の不振や成長戦略の見直しから,フィットネスクラブ経営子会社を売却するなどの動きも活発化していくことになる.

2003年頃から新規店と一部既存店の業績が上向き始める.入会率,定着率,利用率,客単価が徐々に上昇していき,回復に向かい出した.リラクセーション系のサービスを採り入れるクラブが増え始め,パーソナルトレーニングやダイエットプログラム,カルチャー系プログラムなど,個々のフィットネスニーズに対応するプログラムを採り入れるクラブが増えていった.

2003年には,「地方自治体の一部を改正する法律」が公布され,その中に公共施設の管理運営を民間市場に開放する「指定管理者」制度があり,民間クラブが競って各自治体へのアプローチを始めた.2005年には女性専用小規模サーキットトレーニングジムのカーブスが日本に上陸,急速に出店が増えていった.

業界の市場規模は2006年にそれまでの最高値となる4272億円を記録した.施設数が増える中,成功するには業態ごとにポジショニング(図3-1)を明確にすることが求められている.この頃,業界を語るキーワードは,「多様化」と「成長」であった.

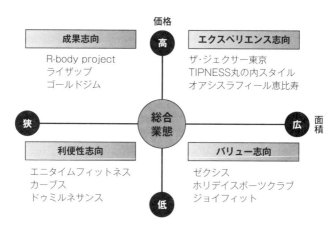

図3-1 フィットネスクラブ業態別ポジショニング

(出所)株式会社クラブビジネスジャパン「日本のクラブ業界のトレンド2016年版」2017年.

しかし，フィットネスクラブの市場規模は，2006年をピークに2007年から減少．上場大手企業の2009年度経常利益は5年前と比べると半分以下の水準まで落ちた．

その外的要因・内的要因としては，以下の各4点が考えられた．

外的要因：
① 景気の低迷と消費の選択肢の広がり．
② ライフスタイルと消費行動の変化．
③ 業態の多様化と専門店の台頭．
④ 競合から競争へのステージの変化．

内的要因：
① 戦略構築力の弱さ．
② 価値強化力の弱さ．
③ 価値伝達力の弱さ．
④ 顧客創出力の弱さ．

安定期（2011年後半〜現在）

2011年3月東日本大震災が発生，フィットネス業界も大きなダメージを受けた．しかし，各社はいち早く立ち直り，既述した外的要因・内的要因を意識し業績回復策を模索した．

その鍵は，既存店においては基本に立ち直り「顧客」が満足する価値をどのようにつくるかであり，新規店においては革新的な業態を創造し，いかにその価値を伝えるかにあった．主に総合型のクラブを展開してきた既存大手プレーヤーは，スクールへの注力と成人会員の定着促進，新業態による若年層の取組などにより，一部を除いて業績を回復させ始めている．フィットネス業界は中長期的には成長市場となるだろう．その根拠は，生活者がますます「健康でいたい」と思う気持ちを強め，その思いに応えようとする若き情熱ある起業家が台頭し，イノベイティブな業態・サービスを創造しつつあるからである．

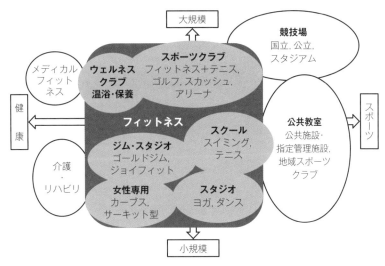

図3-2 スポーツとフィットネスの領域

(出所) 筆者作成.

フィットネスクラブの特徴

　フィットネス産業の市場規模は，2005年に4000億円を突破し，2016年は約4500億円の市場規模に成長した．政府の方針（2017年度予算）では，日本再興戦略において健康寿命延伸産業全体で，2020年には10兆円規模を目指すとしている．
　フィットネス産業とは，フィットネスクラブ，スポーツクラブ，スポーツスクール事業などを含む総称で，健康・スポーツ関連事業全般に用いられている（図3-2）．

フィットネスクラブ

・フィジカルフィットネス（体力づくり）を目的とする，運動を中心とした成人向けクラブ．一般的に日本では，運動施設は三種の神器といわれるトレーニングジム（ジム），スタジオ，スイミングプール（プール）を備え，付帯施設としてロッカールーム（ロッカー），浴室・シャワー，サウナなどを備えている．
・総合クラブとは，ジム・スタジオ・プールにロッカー，シャワーなどすべて

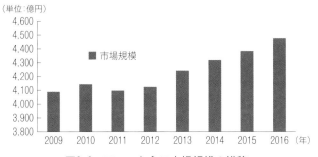

図3-3　フィットネス市場規模の推移

（出所）株式会社クラブビジネスジャパン「日本のクラブ業界のトレンド2016年版」2017年.

を備えたクラブをいう．複合クラブには，ジムとスタジオ，ジムとプール，スタジオとプールなどを組み合せたクラブがある．単体クラブとは，ジムだけ，スタジオだけ，プールだけのクラブをいい，女性専用クラブやパーソナルトレーニング専用クラブも増えている．

・近年は，医療施設や温浴施設を充実させたメディカルフィットネスやウエルネスクラブなどの大型複合施設も登場している．また，ヘルスクラブ，健康クラブなどを名乗る施設もある．

・いずれも，クラブコンセプトやターゲットを明確にしたうえで，規模や立地により施設アイテムやプログラム，サービス内容を決定している．

スポーツクラブ

・フィットネスクラブのアイテムに加え，テニス，スカッシュ，ラケットボール，ゴルフ，体育館（アリーナ）などを加え，体力づくりだけでなくスポーツを楽しむ施設をいう．

・海外では社交クラブの場としての役割もあり，限定された会員のみが所有者となり本来のクラブ組織として成立しているところも多い．都心型では会議室，懇親施設，飲食や宿泊施設も併設，郊外型ではテニス，ゴルフ，乗馬などを併設している大規模クラブもある．

第 3 章 フィットネスクラブ産業論

スポーツスクール

- スポーツスクールは，スイミングをはじめテニス，体操など，子供向けを主体としている．日本独自の段階的進級制度が確立されており，単なる習い事にとどまらず人材育成・教育的意味合いが濃い．カルチャー系スクールでは，成人向けのヨガ，健康体操，社交ダンスなどが文化教室として発展してきた．
- 現在では学校教育では不足している幼児・児童の体力づくりや躾教育の場としての社会的認知度が高く，常に子供達に薦める習い事の上位にランクされている．また，トップ選手の育成にもつながり，オリンピック等で活躍する選手が数多く輩出されている．
- 近年では，中国・ベトナム・タイ・カンボジアなどアジア諸国へ進出し，日本の教育カリキュラム，人材育成システムの素晴らしさを伝えている．

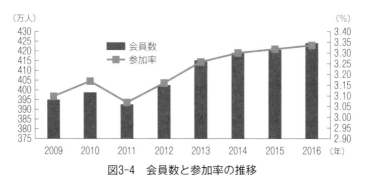

図3-4　会員数と参加率の推移

（出所）株式会社クラブビジネスジャパン「日本のクラブ業界のトレンド2016年版」2017年．

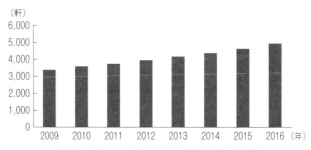

図3-5　フィットネスクラブ施設数の推移

（出所）株式会社クラブビジネスジャパン「日本のクラブ業界のトレンド2016年版」2017年．

表3-1　国別フィットネス市場の比較

2016年		米国	英国	日本
クラブ数	軒	36,540	6,435	4,946
会員数	万人	5,720	920	424
参加率	％	17.6	14.3	3.3
売上高	億ドル	276.0	67.4	44.7

（出所）株式会社クラブビジネスジャパン「日本のクラブ業界のトレンド2016年版」2017年.

表3-2　現在定期的にやっている習い事

(男女ともN=714　重複可) (％)

順位	男児		女児	
1位	水泳教室	35.5	ピアノ，音楽教室	39.0
2位	野球やサッカー等の運動クラブ	34.1	通信教育・宅配教材	29.1
3位	通信教育・宅配教材	29.5	水泳教室	26.9
4位	そろばんなどの自習型学習塾	21.5	そろばんなどの自習型学習塾	24.0
5位	英語教室	18.0	英語教室	22.8
6位	受験対策用の学習塾，教室	13.1	その他	17.5
7位	ピアノ，音楽教室	11.9	ダンス等のパフォーマンス教室	13.9
8位	水泳，ダンス以外の体育教室	11.0	野球やサッカー等の運動クラブ	8.0
9位	その他	9.8	水泳，ダンス以外の体育教室	8.0
10位	学童クラブなど放課後活動教室	5.2	受験対策用の学習塾，教室	7.4

（出所）博報堂こそだて家族研究所［2016］．

フィットネスクラブのビジネス

　公共・民営に関わらず，スポーツ施設が継続して維持・発展するためには，利益を確保し自立する運営手法が必要とされる．特に，民間フィットネスクラブにおいては，ビジネスとして成立し永続的な経営が見込まれる必要がある．つまり，「黒字でなければ存続の意味がない」といえる．

　フィットネスクラブがビジネスとして成立するためには，収入を多くして経費を抑え，適正な利益を確保することが原則である．加えて，フィットネス事業の特性として，お客さまである住民や子どもたちの成長や健康を考えると，短期的ではなく長期間継続して運営しなければならない．つまり，フィットネ

ス事業は「安定した適正利益で長期間地域に貢献するビジネス」と定義できる．

企業理念

ビジネスとして行うにはプロとしての強い信念が無ければならない．スポーツマンシップを基盤とし，フェアで，正々堂々とした，潔く，気高い企業理念や正しい方針が不可欠である．アンフェアな企業は存続できない．高邁なる理念と崇高な使命感を持ち，私心を持たず真摯に事業を行う．「社会のために」「地域住民のために」「従業員・家族のために」など，コーポレートガバナンスに対し開かれた企業でなくてはならない．そのためには，『シンプルで普遍的，情熱的な強いミッションを持つ』ことである．フィットネス業界における主要企業の「企業理念」の基本部分は，ほぼ下記の3点で共通している．

　　a. 心身の健康づくりに貢献する
　　b. 豊かで快適で質の高い生活を提供する
　　c. 地域や社会に貢献する

行動指針

成功につながる原理原則，行動指針は総じて下記の通りである．

　　a. 平凡なことに手を抜かず非凡に行う
　　b. 約束を守り，人を騙さず，正直に一所懸命に行う
　　c. 組織は小さくフラットにし，決断・実行のスピードを上げる
　　d. 何でも言い合える風通しの良い社風にする
　　e. 常に自信を持ちながらも謙虚であり，見栄を張らない
　　f. 明確で具体的な指示を出し，決断には責任を持つ
　　g. 実力でリーダーを選び，リーダーは公平たるべし
　　h. 笑顔は基本，外見（雰囲気）はその人の人格である
　　i. お金では買えない価値を大切にする（例：健康，幸福，信頼）

フィットネスにおけるビジネスの本質

　企業は変えてはならない企業理念を持たなくてはならない．そして，事業に携わる全員がそれを守り，実行しなければならない．理念を掲げることはどの企業でも出来るが，「全従業員に徹底すること」，「常に実行すること」が困難なのである．また，企業は変えなければならないときに変えないと置き去られてしまう．しかし，変化を先取りすることや素早く対応することにはリスクが伴う．誰がどのように判断し決断するかであり，そこに企業力・経営能力が生じてくる．最終的には経営者自身が自分の能力のすべてを使い，自己責任において決断しなければならない．決して他企業・他者や金融機関，時代や環境に責任を転嫁してはいけない．

　a. フィットネスビジネスは本業として取り組む会社（事業部門）だけが生き残れる．
　b. フィットネス経営者・オーナーは副業や虚業・投機に手を出してはならない．
　c. フィットネスクラブにとって顧客は宝である．騙したり利用したりしてはいけない．
　d. ビジネスでは国・地方を含め，政治・官公庁を当てにしても，頼ってもいけない．
　e. スタッフやお客さまへの緊急時訓練，非常時の備えは常に十分にするとともに，リスクの高い国への海外進出は慎重にしなければならない．

　経営者，運営者は今の経営や運営に責任を持つだけでなく，10年後20年後の経営にまで責任を持つ必要がある．そのためにも「変えてはならない企業理念」を全員に徹底するとともに，「変えなければならない」変化への対応を的確に判断するため，社会情勢に精通し，市場の動向を敏感に感知し，進化の方向を見通せる能力を身につけなければならない．

2. フィットネスクラブのマネジメント

「組織に高度の成果を上げさせるものがマネジメント」[ドラッカー 2001] とするなら，フィットネスクラブのマネジメントは，ビジネスに留まらず，教育事業，健康産業，サービス業など多くの分野に関連している．

フィットネスクラブのマーケティング

フィットネスビジネスの基本は，「継続的に発展する仕組みづくり」にあり，そのために大切なことは『信用』と『利益』の2点である．信用がなければお客さまは来てくれない．利益が出なければ（赤字が続いては）永年継続して経営していくことはできない．近江商人の「売り手よし，買い手よし，世間よし」の『三方よし』ということばがあるが，商売のコツを象徴している．すべての人が喜べるようにビジネスをすることが大切である．

サービス業の一面をもつフィットネスクラブの売上高の大部分は，会費や利用料の収入である．製造業や販売業は売上原価が大きく（70~80%）占めるが，フィットネス事業は売上原価が極めて少ないといえる．

フィットネスクラブの売上高のほとんどは売上総利益(粗利益)であり，フィットネスの市場規模約4500億円は，製造業に換算すると約1.8兆円に相当する．フィットネスクラブやスクールの収入の特徴は，前金，現金，一括入金（銀行引落）と確実で安定している．また，経費の特徴は，そのほとんどが毎月同じ固定した費用（固定費）である．従って，『売上高が経費を上回れば営業利益は黒字と

a．安定した収入の確保	b．固定費の削減
（＝会員数・生徒数を増やす） ・会員制クラブとして囲いこむ（FAN） ・退会する人を少なくする ・利用率を高める（成果，ここちよい） ・イベントや大会への参加を促す（FUN）	・サービスを落とさず無駄を省く ・IT，AIなどを活用，生産性を上げる ・節電，節水等への協力を促す ・販売促進手法の見直し 　（Web申込，チラシの効率化等）

なり，下回れば赤字になる』という，分かりやすい仕組みとなっている．フィットネスクラブのビジネスモデルは，「安定した収入の確保」と「固定費の削減」の構築にあるといえる．

　フィットネスクラブのマーケティングとは，施設規模・立地に応じた会員数・生徒数を集客することにある．市場としての商圏（マーケット）は施設を中心としておおよそ2～3kmの範囲であり，3km以遠の割合は少ない．従って，基本的には3km圏内の集客見込みを正確に立案し，実行することが最重要になる．実際のマーケティングは，年齢別，性別，就学率や就業率，地域の民力，顧客ニーズなどを基礎に置き，販促手法や道路・川などの分断要素を織り込み，集客見込みの精度を上げることにある．

　新規出店する場合は，出店地域の市場規模，住民動向などをベースに，会社の基本理念，ビジョンに従い，ターゲットやコンセプトを決定し，集中的に成功店舗に導くことが重要になる．集客見込みに応じ，施設規模，施設アイテム，顧客やスタッフの動線などを決定し準備していく．いずれにしても，新規に出店した場合は少なくとも3年以内には単年度黒字化できるようにしたい．

　図3-6は市場調査の一例である．このようなデータを基礎に会員数の見込を立案し，経営計画を作成する．

フィットネスクラブのサービス基準

　時間とスタッフを十分にかけ，満足のいくまでサービスを提供するのがフィットネスクラブ本来の職務であると現場スタッフは考えている．しかし，経営的にみると利用者が増えたものの会費収入は伸びず，利益率・労務費率等の経営指標が改善されていないことはよくある．会社の方針とクラブの基準は合致しているか，会員数と施設規模はマッチしているか，顧客の棲み分けとサービスソフトは一致しているか，スタッフの配置と育成は出来ているか，常に基準を見直してみよう．クラブ価値は「サービスの基準」をどこに置くかで決まる（図3-7）．

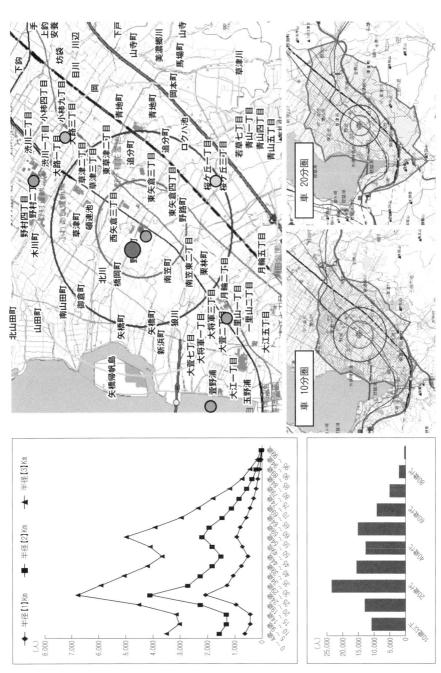

図3-6 フィットネスビジネスのマーケティング

(出所) 筆者作成.

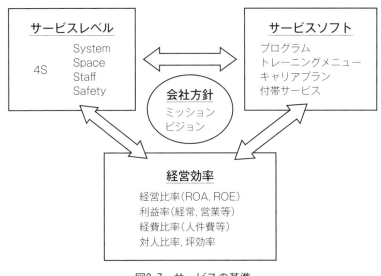

図3-7 サービスの基準

(出所) 筆者作成.

　サービスクオリティとは,「サービスレベル」「サービスソフト」「経営効率」を同時に達成する品質のことである. この3項目が十分できていないかバランスが崩れていると, フィットネスビジネスとしては機能しない. 特に, 経営効率を満たせないクラブは, 持続的発展が期待できないことを意味し, 店舗の存在意義そのものを問われる.

サービスレベル

　サービスレベルには4つのSが考えられる. System「適正な料金や営業時間」, Space「適正な施設アイテムや空間」, Staff「十分に訓練されたスタッフ」, Safety「安全で衛生的な環境」, である.

System（システム）

　お客さまが, 入りやすく, 楽しく利用し, 仲間をつくり, 長く継続できるクラブの仕組みを作ることである. 主には利用システムと料金システムだが, 近

年は会費価値の見直しと，IT化・自動化・機械化による省力化が大きなテーマといえる．経営効率からも人的サービスの選択と集中は急務であり，旧態依然のままのフロントキーの受渡しや料金精算は改善の余地が十分にある．また，平日昼間の利用形態と夜間・休日の利用形態では大きな違いがあり，サービスの方向と手法を勘違いすると，定着どころか退会になるケースもある．少ないスタッフでより質の高いサービスを提供するシステムを作り上げたクラブだけが，生き残ることができる．

Space（スペース）

　豊富で楽しい施設アイテムや，ゆとりある空間が備わっていることである．施設規模は大きいに越したことはないが，アイテムが多くゆとりのスペースが増えると投資効率，経営効率は落ちる．絞り込んだ施設規模でも混雑感を感じさせない動線や目線への配慮など，お客さまの満足度を満たす条件設定をしないと，運営上も経営上も大きな支障をきたすことになる．近年はトレーニングの合間やレッスンを待つ間のゆとりあるスペースや快適空間が必要であり，色彩，照明，装飾などがクラブにおけるサービスレベルの評価に大きくつながっている．

Staff（スタッフ）

　かつて従業員は社員中心に構成され，育成に時間をかけ会社負担により資格取得が出来るなど，充実した福利厚生と長期雇用でキャリアスタッフを育てていた．しかし，今の時代社員はクラブ全体のマネジメントが主業務であり，現場スタッフの多くがパート，契約，派遣などで占められている．経営の効率化を進めることと，スタッフのレベルアップやノウハウの蓄積・継承を両立することが求められている．

　また，利用者別では平日昼間に高齢者が多く，夜間や休日は若・青年層が多いことから，顧客層の違いによりスタッフの年齢・経験・資格なども見直す必要がある．人事面でのポイントの第1は，雇用形態や年齢にあるのではなく，

雇用する「人」そのものをしっかり見極めることにある．第2は，標準化とマニュアル化を徹底することであり，第3は，スタッフの多能化を図り何でも出来る人を育てキーマンにすることだ．第4は，サービスの選択と集中を図り，本部主導で自動化，省力化，IT化など合理化策を進めることにある．

Safety（安全・衛生）

　サービス業で大切なことは，きれいで衛生的な施設を維持し提供し続けることにある．あわせて，事故や故障のない安心して利用できる施設が，お客さまにとっては当然と受け止められている．また，クラブが省エネやエコに関心が高く，ISOやゴミの分別，地域清掃などに積極的に取り組むことは高く評価されている．

　清掃や保守・修繕は外部委託をするケースが多いが，近年は効率・コストと成果のバランスを検討し，また細部まで目配りをきかす意味もあり，自社スタッフが担当するケースが増えている．

サービスソフト

　サービスソフトには，各種スタジオプログラムやアクアプログラム，トレーニングメニュー，キャリアプラン，各種付帯サービスなどがある．これらについては常に変化・変遷するものであり，その時の経営者・マネージャー・担当者が競合他社の動向やトレンドを考慮し決定する．いずれを導入・採用するにしても，ソフトに対する自社の明確な基準と経営効率を十分考慮し，自社のサービス基準は自社の責任において決定しなければならない（図3-8）．

サービスと経営のバランス

経営効率

　経営効率には，売上高，営業損益，キャッシュフローなどのほかに，経営指標としてROAやROEなどを重視している企業もある．営業利益率や経常利益

サービスレベルの基準

サービスレベル		基準	経営効率
サービスレベル	System　仕組み	・会費・料金が適正 ・利用しやすい営業時間	・会費価値 ・IT化・自動化・機械化
	Space　空間	・ゆとりあるスペース ・豊富で楽しめる施設アイテム	・坪当り会員数 ・カラン数、ロッカー数、駐車台数
	Staff　スタッフ	・明るく爽やかなスタッフ ・知識と技術の高いスタッフ	・マニュアル化、標準化 ・専門化、多能化
	Safety　安全	・きれいで衛生的な施設 ・故障のない設備・機器	・外部委託、内部運営 ・省エネ、エコ、安全

サービスソフトの基準

サービスソフト		基準	経営効率
サービスソフト	Program　プログラム	・プログラム配置とレベル ・プログラム指導者	・スタジオ面積と収容定員 ・外部インストラクター割合、プレコリオ
	Training　トレーニング	・トレーニングメニュー ・定着プログラム	・基本メニュー、目的別メニュー ・初心者定着メニュー
	Career Plan　キャリアプラン	・人材確保 ・スタッフ育成	・社外委託、契約スタッフ、登録 ・キャリア育成、資格
	Annex Service　付帯サービス	・パーソナルサービス ・針灸整骨院、マッサージ	・有料プログラム、パーソナル ・委託業者との配分割合

図3-8　サービスレベル＆ソフトの基準

(出所) 筆者作成.

率，投資効率などの効率指標，人件費，エネルギー費，賃借料などの各種原価や費用は，日常的変化や年度別対比などにより日々詳細に管理する必要がある．フィットネスクラブでは入会数，退会数，退会率，紹介入会率などを特に注視し，坪当り効率や対人当り効率，時間当り効率はサービス基準を考える上では欠かせない指標だ．いずれも，経営を明確に表す指標を選定し，見える化し，長期の変化を観察することが重要だ．

　また，ターゲティングとブランディングを絞り込み，大規模店舗から小規模店舗，限定営業時間から24時間営業，アスリートから介護予防，高級クラブから格安クラブまで，自社の戦略を明確にして的確なビジネスモデルを打ち出すことである．

時間消費型と時間節約型

　総務省が実施した「平成28年社会生活基本調査」によると，スポーツの行動者率は平成23年に比べ5.8ポイント上昇している．これを男女別でみると，男性が5.6ポイント，女性が6.1ポイント上昇している．また年齢階級別にみると，50歳代で約7ポイント，60歳代で約6ポイント，70歳以上は約8ポイントそれぞれ上昇している．今後も定年退職後の自由時間が多いシルバー層がさらに増えることを予想している．

　フィットネス業界にとってシルバー層は重要な顧客であり，長時間・多回数・低回転の時間消費型の利用者といえる．逆に，若・中年層は短時間・少回数・高回転の時間節約型の利用者といえる．このことはサービスレベルの基準を，昼間は「ゆっくり，のんびり，安全に」高年齢層主体に置くことを意味し，夜間や土・日・休日は「手軽に，楽しく，激しく」若・中年層を主体に，受け入れ態勢を構築することを意味する．サービス内容も文字の大きさも音楽もスタッフの言葉遣いひとつにも，全く違うサービス基準が必要となる．

サービスと経営の本質

a. フィットネス業界における差別化の本質は，『人を介したサービス』にある．施設・機器などのハードや，プログラムやトレーニングメニューなどのソフトは，資金力さえあれば他社と同じものをそろえることが可能である．しかし，スタッフによるサービスだけはお金を出しても買うことは出来ず，簡単に取り繕うことは出来ない．

b. 自社の強み「オンリーワンは何か」を明確にする．
　自社の強みは何か，オンリーワンは何か，どのように確保するのか，決め手は「サービスの基準や標準を明確にする」ことである．現場の支配人やマネージャーは，社員の育成ができているか，トレーニングジムやスタジオのスタッフ・インストラクターは外部講師やパーソナルトレーナーばかりになっていないか，常によく見直す必要がある．

c. 経営者や幹部は，常に進退を賭けて事に当たっているか．

経営者はすべての情報をオープンにした上で，更に新しい施策や手法を提示することが重要だ．良い情報も都合の悪い情報もすべて明らかにし，風通しの良い組織にした上でチームワークを発揮することである．また，自分の経営基準や運営の標準を明確にし，経営責任を取る覚悟をつねにもつことだ．自己採点をきちんと行い，自分に厳しくし，客観的に観ることが出来ないと『裸の王様』になりかねない．

d. 全員が必死にやり抜く

マネジメントの神様P.F.ドラッカーの唱えるように「人は最大の資産である」[ドラッカー 2001]．地道に辛抱強く育てることである．信用も人材も長い期間かけても育たないこともあり，一瞬にして崩れることもある．粘り強く必死になって，良いサービスを『全員』で行うことである．

e. イノベーションを起こす

サービス基準を構成する「サービスレベル」「サービスソフト」「経営効率」の三項目を同時に達成することは容易ではない．サービスのレベルとソフトの価値や質を上げようとすると経営効率は悪くなる場合があり，従来の経験や成功事例，手法・発想から脱皮し，画期的なイノベーションを起す必要性がある．

f. 異業種から学べ

同業他社を参考にするだけでなく，異業種の取組を積極的に活用することで解決する場合もある．株式会社スーパーホテルの創業者山本梁介会長は「業界の非常識は，異業種では常識」と断言し，ホテル業界にはなかった数々のイノベーションを起こしている．

g. 新たなビジネスモデルを

総合型クラブだけでなく小規模型，ジム単体型など多様化したビジネスモデルが出てきたが，フィットネス産業全体の市場規模はいまだ停滞している．オリンピックやランニングブームなど追い風はあるものの，スポーツ・フィッ

成功の基準	スポーツ界	フィットネス業界
WIN	・勝利すること ・リーグ優勝，日本一 ・世界一をめざす	・成果，効果がでること ・目標を明確に適切な指導をする ・本来の存在価値を示す
FUN	・楽しい催しもの ・ファンサービス ・施設改装	・心地よいサービスや楽しいイベント ・変化に富んだプログラムの提供 ・クラブライフの享受
FAN	・フランチャイズ浸透 ・固定ファン囲いこみ ・有料入場者数増	・会員数が増える，業績が向上 ・会員定着，紹介入会増加 ・安定した理想のビジネスモデル

図3-9　成功に導く3つのN

(出所) 筆者作成．

トネス市場の拡大には新たなビジネスモデルの創出が必要だ．ミッションやビジョンと照らし合せどの方向をめざすのか．「新たなサービスの基準」を明確にしたうえで，果敢に挑戦しなければならない．

成功に導く3つのN

スポーツ・フィットネス事業に限らず，ビジネスを成功に導くには，3つのNが大切だといえる．その3つのNとは，「WIN」と「FUN」と「FAN」である（図3-9）．

プロスポーツの例

プロスポーツビジネス（野球，サッカー等）の成功する要因は，3点あることがわかる．

第1はWIN：勝つことである．

プロスポーツのチームである以上，リーグ優勝し，日本一，世界一を目指すのは当然の目標である．

第2はFUN：楽しいイベントやサービスを提供することである．
スポーツの楽しさ野球やサッカーの楽しさを広めることが裾野を広くする．
第3はFAN：ファンを増やすことである．
ファンを増やし有料入場者を増やし，年間観客動員数を伸ばすことで，売上が増えビジネスとして成功するのである．

　落合監督時代の中日のように勝利のみをめざし勝つことはできても，観客が減ってはビジネスとして失敗である．逆に巨人や阪神のように，熱烈なファンに支持されていても，勝てない，つまらない，身勝手では，ファンの心は離れていく．プロスポーツ界で，勝つ，楽しむ，観客増の3Nがそろっている球団は少ない．

フィットネスにおける3N

　プロスポーツにおける成功要因は，フィットネスビジネスにも当てはまる．
第1はWIN：成果，効果がでること
　成果・効果の出ないフィットネスは，実感も喜びもなく，継続することが困難になり，脱落へとつながる．目標を明確にし，きちんとした指導で，確かな成果を得ることで，フィットネスクラブ本来の存在価値を表す．
第2はFUN：楽しいフィットネスクラブライフ
　ここちよいサービスや楽しいイベント，和気あいあいとした仲間，変化に富み興味がつきないプログラム等を提供することで，フィットネスの楽しさ，健康の楽しさ，クラブライフの楽しさ，スポーツの楽しさを知ることができる．
第3はFAN：会員数を増やすこと
　クラブやプログラムにファンが増え，会員定着が進み，紹介入会が増えることで，安定した会員数を確保することができる．会員数を達成し売上が目標以上なら，理想のビジネスモデルを作り上げることができる．

　フィットネスビジネスは健全で明快なビジネスでなければならない．健康を目指す多くの会員に支持を得て，適正な利益を生み出し，快適な施設・空間を

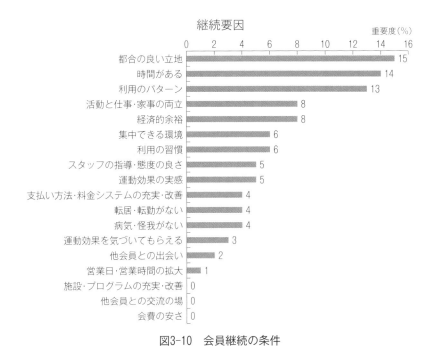

図3-10　会員継続の条件

(出所) フィットネス産業協会「フィットネスクラブの価値に関する調査研究第2弾」(2016年3月).

維持し，株主・スタッフに十分な利益を分配する．そのためには，この3つのNが連結し相乗効果により発展してこそ，業界全体の成長につながることになる．けして，三竦みになってはいけない．

3. フィットネスクラブの人材育成

キャリアアップとリーダーの資質
フィットネス業界のキャリアアップ

フィットネス業界におけるキャリアアップは，大きく2つに分けられる．

第1は，フィットネスの現場で，トレーナーやインストラクターを経験し技術や資格をレベルアップするとともに，リーダーシップや管理能力を身に付け

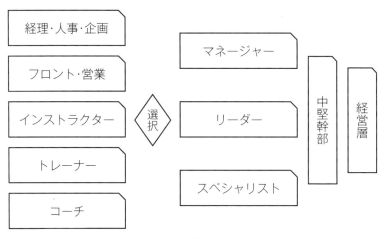

図3-11　フィットネス業界のキャリアアップ

(出所) 筆者作成.

ていくキャリアである.

　第2は, フロント・営業・経理人事などを経験し, マネジメント能力を身に付けていくキャリアである.

　現場を経験したうえで, 営業・管理業務も行い, マネジメント能力を身に付けキャリアアップしていくのが理想であり, 中堅幹部, 経営層へと昇り詰める人材が誕生することを期待している. しかし現実的には, 現場での指導に生きがいを感じるインストラクター, 資格や高度な技術を身に付け独立を目指すトレーナーやコーチなど, 個人によりキャリアを目指す方向が一定とはいえない. 35～40歳あたりがキャリアの分岐点となろう (図3-11).

　しかし, リーダーシップはすべての階層, すべてのキャリアで求められているものであり, 職位や経験年数に関わらず身に付けていかなければならない.

リーダーの資質

　リーダーシップを発揮すべきリーダーの資質は, 全部で10項目にのぼる.

a. この仕事が好きである

　仕事でも，スポーツでも好きになることが一番である．好きでないことは長続きしない，嫌になったらやめたくなる．とにかく何事を差し置いても好きになって，集中できるようにしよう．どんな辛い仕事に対しても，「この仕事は世の中のため，人のために役に立っているのだ」との自覚を持てば，たいがいのことは乗り越えられる．

　サッカーの日本代表岡崎慎司選手の母親に，どんな育て方をしたらあんな素晴らしい選手が育つのか聞いたことがある．お母さんは「特に変わったことは何もしていません．子供のころから下手で目立たない存在でした．ただ，サッカーが好きで毎日毎日一生懸命やっていただけです．何があっても，一度も嫌だと言ったことはありません．技術力や才能も大切ですが，とにかく好きで，あきらめず，我慢強く，毎日続けることが，何よりも成功する近道でしょう」と話してくれた．実際，世界で活躍する日本選手をJリーグで調査したところ，技術力や身体能力より重要なのは，「折れない心を持った選手」であるとの結果が出ているそうである．

b. 安心を感じる雰囲気をもつ

　サービス業に携わる人の素養として，お客さまに対し安心感を与える人でなければならない．いつもお客さまの言うことが正しいとは限らず，理不尽な場合もかなりあるが，そんな時でも理屈や規則で跳ね返しては，トラブルはさらに増幅する．正論で勝っても，商売になるはずもない．好調な店舗の支配人やマネージャーと話をしたとき，まず感じるのは「安心感を持っている人だ」．言葉や話すしぐさなど身体全体から醸し出す雰囲気が，その人の持つ年輪と資質を感じさせるのだ．

c. 先を読める洞察力がある

　今の世の中，10年先はともかく，1年や半年後のこともわからない．外食産業で勝ち組だった日本マクドナルドも，既存店の売り上げが大きく減少し一時低迷した．この背景には自社の問題だけでなく，20～30歳代の食生活が変わり

つつあり,「食への欲求が低下している」との分析もある.

　フィットネス業界はシニア市場が盛況で今は活気があるが，20〜30歳代の若者のスポーツ離れが進み，外食産業以上に将来に不安がある．現場としては今を生き抜くことに精一杯だが，企業としては5年後10年後を的確に読み抜くことが重要となる．常日頃から市場動向を正確に把握し，分析・仮説・検証を繰り返すことにより，先を読める能力を養成することが必要だ．運や勘に頼ってはいけない，経営はギャンブルではない．

d. 打つ手にスピード感がある

　「速いのがごちそう」ということばを教えられた．ある事業を起こした人の口癖で，完全でなくても8割できていればすぐやってみて，ダメなところを直していけばよいとの教えである．特にサービス業はスピードが命．お客さまから「カランがこわれているよ」と声をかけられたとき,「わかりました．直しておきます」ではダメ．「すぐ直します」と答え，瞬時に直してしまうことだ．すぐやる習慣をつけることで，会員さまの信頼が得られてくる．一番良いのは，壊れてから直すのでなく，事前に常に点検し壊れないようにすることだ．安全面や利用面で不便や不測の事態が起こらないように，先回りしてチェックすることこそ，本当のプロのスピード感といえるだろう．幹部や上司から「毎朝現場をチェックしなさい」といわれるが，きょう一日何もトラブルが発生しないように先手を打つことこそ，真の意味で仕事をしているといえる．

e. きちんと聴く力がある

　お客さまからのご意見やクレームは，真摯に聴かなくてはならない．『積極的傾聴法』など多くの研修があり，そんなことは誰でも分かっていることと思うが，実際はなかなか難しい．お客さまが何を話したいのか，何を伝えたいのか，真意をくみ取ることが肝要だ．歳を取ると同じことを何回も話す方がいる．同じ人に同じ注意を繰り返しする方もいる．お客さまにとって，話すことがクラブに通う理由かもわからないのだ．あるクラブのマネージャーは,「私は同じ話でも何回でも根気よく聴くようにしています．絶対に嫌がりません」と徹底

していた．最初から逃げ腰の方は，話の途中から腰が引けていることが見えてくる．逆に，覚悟ができている人の聴き方は，話す方にも確実に伝わっている．

f. 困難から逃げない

　人生でも事業においても，困難は沢山あり，1つの困難から逃れても次から次へと困難や問題は起こってくる．どのような問題・課題でも，実情を十分把握し，素早く対応しよう．時間がたてばたつほど問題は複雑になり，解決が難しくなる．重要なことは，決して「逃げないこと」だ．嫌だなとか，またかというような態度や顔を見せてはダメ．クレーム同様，毅然とした態度でその問題に対峙し，真正面から向かっていこう．確実に一歩ずつ前進すれば，必ず道は開けてくる．

g. 誘惑に負けない

　多くの会員，スクール生徒，取引業者や契約先など，責任者になると多くの関係者と知り合いになる．業務といえども人間関係はできるが，個人的付き合いは極力避け，ビジネス以外の関係は避けるのが好ましい．やむを得ずビジネス以外に交流の場が生じたとしても，金銭，物品，飲食，贈答などで，借りをつくらないこと．人間弱いもので，受け取ると強く言えなくなる．今までお客さまとスタッフとのこれらに関するトラブルは，幾多の例を見てきた．調子の良い時は何ともないが，いったん問題が発生すると，人間だれしもコロッと変わる．

h. 欲を顔に出さない

　政治家や実業家でも，テレビで見ていて「欲をかいているな」と思う人はすぐわかる．人の卑しさはすぐ顔に出てしまう．人間だれしも欲望や野望はあるが，それはぐっと抑えるものだ．人事や役職でも，「そろそろ自分は○○職に就けるのではないか」と思うだろうが，口にしたり他人に言ってはダメ．自分のすべき職務に集中し，「先の欲をみない」ことだ．あるクラブの女性マネージャーから「女性は出世欲とか同僚との競争をあまり好みません．その点で男性のマネージャーより日常の職務やサービスに集中できているのではないでしょうか．

本社や上を向いて仕事をしなくて良い分，店舗マネージャーには向いているのかもしれません」と聞いた．なるほどと，非常に納得がいく気がした．

i. 真摯に仕事に集中する

　一所懸命職務に専念することが重要だ．多少の出来不出来は誰でもあり，成功，不成功は時の運もある．大切なのは，本人が真に精一杯やったかどうかにある．経営者としてスタッフの評価をするとき，実績や結果も見るが，本人以外の要因も多々あることを認識している．困難な中でいかに努力し工夫し部下を率いて頑張ったかが大切なことで，がんばっていれば必ず良いことはある．少なくとも，自分自身は見ているはずだから，自分の心に嘘をつかないように，真摯に仕事をしよう．きっと，誰かが見てくれている．

j. お金で買えないものがわかる

　お金は非常に大切なもので，たいがいはお金を出せば買うことができる．しかし，人生にはお金で買えないものが沢山ある．健康とか幸福とか喜びなどは，いくらお金を出しても買うことはできない．フィットネスクラブの役割には，健康をサポートすることも含まれる．健康は日々の積み重ねだから，あるときお金を出して簡単に買えるものとは違う．また，いくら大金を使っても，誰でも健康を維持できるとは限らない．そのような買えない価値のものを，提供しているのだ．この業務を担当することは非常な喜びと価値があり，その貢献そのものがお金を出しても買えないものといえる．

マネジメント層の要件

　リーダーの資質をふまえ，管理者・経営者などマネジメント層に必要な要件を考えると，次の項目が重要になってくる．

マネジメント能力の資質

a. 人材育成力がある

　リーダーシップのある人材とは，リーダーの資質を備えた人のことをいう．

リーダーシップのある人材を育成する

> 年齢，性別，慣習等を乗越え，組織を
> 正しい方向に導き，粘り強く実行する．

① 現状認識
② 目標設定
③ 行動計画
④ 日々実行
⑤ 実績確認
⑥ チェック・反省

繰り返し

図3-12　人材の育成

（出所）筆者作成．

すべてに完璧でなくても良いが，そうなろうとする意欲のある人である．会社やチームの組織において，リーダーシップのある人材を育成することはいつの時代にあっても重要といえる．組織を，年齢，性別，慣習等を乗り越え，正しい方向に導き，粘り強く実行することは容易なことではない．PDCAのサイクルを円滑に回し，スパイラルアップすることで人材を育成していく（図3-12）．

b. 物事の本質をとらえる

現場で起こっている現象や事象を見て判断し，スピード感ある対処をすることは重要だが，その根底にある本質をよく見極めなければならない．表面上ではわからない，物事の事実や真実，背景などを深く考える必要がある．成功に導く手法やノウハウは様々あるが，物事の本質をとらえないと事業そのものが危うくなる．

c. 現場重視の行動力

店舗運営には幾多の困難，課題，問題が山積しているが，粘り強く解決していく行動力が必要だ．店舗を訪問したとき，支配人を見て気が付くことがある．会員と親しく挨拶し会話する，スタッフに目配せし指示をする，レイアウトや

安全に常に関心をよせている，ゴミが落ちていたらさり気なく拾うなどだ．これらの所作を見ているだけで，「この店舗はうまくいっているな」と判断できる．目立つこと，大きなことをするだけが行動力ではない．現場をよく見て，さりげなく気配り・心配りをし，事前に危険を回避し，クラブ内の空気を和やかにする．真のスピードある行動力とは，常にそれらに対し先手を打って行うことである．お客さまはよく見ている．クラブに入って感じる雰囲気で，良いクラブはすぐ判かる．地道に，諦めず，腐らず，常に前向きに行動することで，道は必ず開ける．現場に出て，スタッフとともに行動し解決することだ．

人間性の資質
a. 利他の心がもてる

　自分のことしか考えない利己主義でなく，他人のことを考える利他主義が大切だ．ある企業のイズムに「利他の心とは，周りの人の支えに感謝し，常に相手のためを想って行動すること．自分のためになることであっても，誰かに迷惑がかかることであれば絶対にしない．利他の心に基づいた言動は周囲からの信頼に繋がり，長い目で見れば必ず自分にとってプラスになります」とあった．日本にも，「情けは人のためならず」との言葉があり，人のためにしていることは，いつか必ず自分にとってためになることとして返ってくるという教えだ．自分の打算で行うのでなく，本当にその人のことを想うなら，その真意は通じわかっていただけるものなのだ．

b. 情熱を持ち続ける

　好きであること，覚悟ができていること，やり遂げようとする強い意志があること．自分がこの仕事が好きで，思う存分やりきることで，社会も，会社も，家庭もすべてが幸せになることができれば，こんな喜びはない．熱く強い心をいつまでも持ち続けよう．

c. 熟慮する

　いまやIT機器は手元から離せないほど重要になってきた．通信手段のほかに，

データの保存や情報収集などすっかり頼りきっている．しかし，もし紛失や故障でこれらIT機器が無くなったら，私たちの活動はどうなるだろうか．電話もかけられない，資料も作れない，データもない真っ暗闇に陥る．IT機器やデータは活用するものでありあくまで手段で，目的ではない．人間にとって重要なことは，考えること，判断すること，決断することだ．私たちは調査する時間は省けるようになったが，迷う，悩む，考える時間が失われている．自分で考えること，新しい考えを生み出すこと，変化を読み取ること，しかも前例主義をとらないこと，成功体験を踏襲しないことがますます重要になる．

d. 我慢強く，誇り高く

　東日本大震災以降遅々として進まぬ復興に，被災者の方々の不安は募るばかりではないかと思う．特に原発・放射能の問題は出口のない深刻さを日々浮き彫りにしている．つくられた安全神話や公聴会での発言，隠蔽体質や嘘のデータなど，傲慢な政治家や硬直化した官僚体質を改めて白日の下に曝してしまった．逆に，被災者や住民，ボランティア，地方自治体の長は，「あきらめず，根気よく，我慢強く，穏やかで，一生懸命な国民」だと，世界に認められたことだった．日本人の強みは，品格があり，我慢強く，誇り高いことであることを再発見した．

e. 誠実で，卑しくない

　経営幹部には人間的に卑しい人がなってはいけない．経営者は人間性そのもの，「あきらめない」，「逃げない」，「粘り強い」，「思いやりがある」，「礼儀を知っている」，「チームワークが良い」，「技術力が高い」，「予測能力が高い」，「革新力がある」等々は日本人の明確な強みといえる．どの環境におかれても，これらの強みを活かし，困難に立ち向かえる人こそリーダーたる資質があり，トップたる資格がある．サービス業の側面を持つフィットネス事業は，顧客と直に接している．会社や店舗の責任者の人間性は，お客さまにとってすぐに解かってしまうところに，この事業の怖さと奥深さがある．

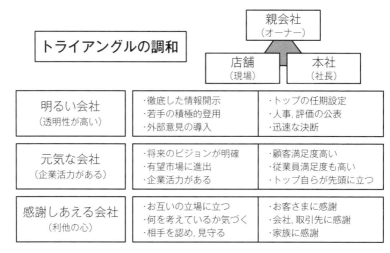

図3-13　良い会社の条件

(出所) 筆者作成.

　一般的に，組織ではリーダーの資質を備え，マネジメント層の要件を満たした人が昇級・昇格をして幹部となることが多い．さらに，トップマネジメントとしての要件を加えるなら，『人間力』を身に付けており，誰からも尊敬される人物となることが理想だ．

良い組織の条件
　優良の会社や組織に共通する条件が明確になってきた（図3-13）．

優良会社（組織）に共通する条件
a. 明るい会社
　明るい会社とは，透明性が高い会社ということ．徹底した情報開示，若手の積極的登用，外部意見の導入，トップの任期設定，人事や評価の公表など，すべてをオープンにすれば透明性は高まる．明快なミッション・ビジョン，迅速な決断，時代に適合した方針・計画を，自信をもって公表できる企業になることだ．

b. 元気な会社

　元気がある会社とは，将来のビジョンが明確で，有望市場に積極的に進出し，企業活力がある会社のことである．顧客満足度が高いだけでなく，従業員満足度も高く働き甲斐のある会社．そのためには，風通しを良くし，何でも言い合える企業風土にしなくてはならない．メールや文書の一方的指示だけでなく，顔を合わせての直接議論も必要．社長の本気は社員に伝わる．社員がいきいき活動し，やりがいを持って働ける会社にすることだ．

c. 感謝し合える会社

　自分のことを考えるだけでなく，お互いが相手の立場に立ち利他の心をもって，何を考えているか気づくことだ．気づいた後は，相手を認め，見守ろう．そして，お客さま，会社，取引先，家族など全ての方に感謝することが人として必要だ．「教育とは，生きる力を与えること．育成とは，長い間じっと見守ること」だと思う．

良い組織のもつ自己革新能力

　どのようにしたら自己革新能力を組織が持てるのだろうか．様々な会社をみていくと，成功している会社には共通点がある．

a. 若い世代に任せる

　若い世代に権限委譲し，どんどん任せていることだ．若い世代は恐れを知らず，前向きでチャレンジ精神が旺盛だ．年を取るとどうしても考え方が保守的になり，行動が遅くなる．経営陣も若返り，40～50代に任せるべきだ．

b. 先頭に立つ

　自ら先頭に立って行うこと．トップが本気で体当たりすれば，部下は皆ついてくる．幹部が逃げたり，腰が引けたりする姿勢は，部下は敏感に感じる．課題や問題に対し，逃げずに腹を割って話し合い，コミュニケーションを十分にとれば多くの問題は解決する．

c. 意欲を喚起する

　企業は変化に対応し自己革新を続けなければならない．現状維持でなく次のステップに常にチャレンジする会社でなければだめだ．そのために社員が前向きに，元気に仕事に取り組める環境を整備することが重要．人が自由に意見したり，発想できたりするように気を配ることだ．

d. 情報を公開する

　情報を公開し，すべてを公にした上で方針を決定すれば，社員は疎外感を味わうことはない．企業の方針も，進むべき道も，営業目標もすべて知ることで，社員はやりがいも生きがいも感じるものだ．失敗を隠さず，成功におごらず，課題も問題点も明確にすれば，次の手が生まれ，革新への道が開けてくる．

トライアングルの調和

　フィットネスクラブの経営には，出資者である親会社や銀行，土地・建物の所有者であるオーナーがいる．運営する会社の本社には社長や取締役などの幹部，経理や総務の管理部門がある．店舗は支配人（マネージャー）を中心に，チーフやコーチなどスタッフが運営をつかさどる．この三者がバランスよく，チームワーク良く運営できれば優良な会社となり，優秀な店舗となる．この三者のバランスを，「トライアングルの調和」と呼んでいる．

　いずれかが欠けたり，不信になったり，不調になってもいけない．常に情報を共有し，相互信頼を築くことこそ，持続的発展の礎となるのである．

健康と幸福の関係

　人は何のために生きるのであろうか．人間の本質的問題をとらえようとすると，必ず幸福論に行き当たる．アランの「幸福論」に，「楽しいから笑うのではない，笑うから楽しいのだ」の有名な一節がある．幸福と健康の関連についてアラン流にいうなら，「幸福だから健康になるのではない，健康だから幸福になれるのだ」となる．

幸福度

ブータン国民は世界一幸福な国だと思っている．では，世界の幸福度はどうなっているのだろうか？　国連発表の「2016年版世界幸福度報告書」（157ヵ国）では，1位デンマーク，2位スイス，3位アイスランド，4位ノルウェーと続き，注目のブータンは84位となっている．日本はタイや台湾よりも下位の53位である．

デンマークの「幸福度」が高いのはどの調査を見ても明らかであり，重要視されている健康，所得，教育の3つのカテゴリーすべてに高い評価を得ている．主な統計データでは，国連の「教育指標」が世界1位，「男女平等度指数」が世界2位，「民主主義指数」が世界3位，国民所得（2010年）も世界7位など，自立自尊の精神は強く，社会保障が充実し，国民の満足度が高いという．海外を旅した人は誰しも感じるが，日本ほど安全な国はなく，世界一の長寿国でもあるのに，なぜ幸福度が低いのであろうか．

日本一は長野県

2012年末，幸福度日本一は長野県だとする発表が行われた．この調査はテレビでおなじみの寺島実郎が監修した『日本でいちばんいい県　都道府県別幸福度ランキング』（東洋経済新報社刊）に発表されたもので，一般財団法人日本総合研究所が中心になり独自の詳細な調査を集約したものである．このランキングは，基本指標に加え，健康，文化，仕事，生活，教育の5分野に対し全部で55項目の指標を調査分析したもので，「幸福」という曖昧な概念に対し，今までにない緻密な調査分析で挑んでいる．

これによると，総合ランキングは，1位長野県，2位東京都，3位福井県，4位富山県，5位滋賀県と続く．上位の都県では，基本指標及び5分野での4分野以上で10位以内であるのは，総合1位の長野県をはじめ，富山県，滋賀県，神奈川県，鳥取県であり，特定分野の得点が高いことにより上位であるのが，東京都，山口県が該当する．

また，厚生労働省が発表した2010年都道府県別生命表で，長野県の平均寿命が男女とも全国1位になった．男性は1990年から5回連続の1位で，1人当たりの老人医療費も日本一安い．PPK発祥（北澤豊治提唱）の長野県の長寿と医療費については，予防医療を中心とした佐久地域の取り組みなどが有名であり，『プレジデント』（2013年4月29日号）にも「50年前から取り組み始めた習慣」として詳しく掲載されている．

　長野県は，幸福度が高く，長寿で医療費が安いだけでなく，このほかの指標でも全国1位に位置している．例えば，高齢者有業率（26.7％），体育・スポーツ施設数（人口10万人当たり130.8件），野菜摂取量（国民健康栄養調査）などでも一番である．水清く，新鮮な空気，風光明媚な景色など健康に最適な条件はそろっているが，急峻な山々に囲まれ，狭く痩せた土地に暮らし，経済的にも恵まれていない長野県は，本当に幸福な県なのだろうか．少なくとも私が育った子供のころは，幸福だと感じたことは無かった．いったい何が要因で，幸福な県に上り詰めたのだろうか．

幸福と健康の関連性

　ここで注目したのは，幸福度とそれぞれの調査項目，及び調査結果における相互の関連性についてである．参考とした資料は，『日本でいちばんいい県』と「長寿日本一・長野県民が，50年前に始めた習慣（『プレジデント』2013年4月29日号）」のデータで，それらを基に分析した．これら様々な資料から抜粋した指標ごとの，都道府県別ランキングのうち，ベストテンとワーストテンを一覧にしたものが，表3-3である．

a.幸福度と平均寿命の関係

　「幸福だから健康になるのではない．健康だから幸福になれるのだ」とアラン流に述べた．しかし，健康ならだれでも幸福になれるとは限らないが，少なくとも健康でないと幸福にはなれないと思う．やはり，健康はすべてにおいて優先する．健康の定義は病気にならないことだけではないが，少なくとも病

表3-3 都道府県指標ランキング

	指標	幸福度総合ランキング	平均寿命	健康寿命	高齢者有業率	平均歩数	生活習慣病受療者数	1人当たり老人医療費	野菜摂取量
	順位						人口10万当		
ベストテン	1位	長野県	長野県	静岡県	長野県	兵庫県	埼玉県	長野県	長野県
	2位	東京都	滋賀県	愛知県	山梨県	東京都	神奈川県	新潟県	新潟県
	3位	福井県	福井県	群馬県	東京都	神奈川県	千葉県	岩手県	山形県
	4位	富山県	熊本県	茨城県	愛知県	奈良県	茨城県	山形県	福島県
	5位	滋賀県	神奈川県	宮崎県	鳥取県	千葉県	宮城県	静岡県	福井県
	6位	山口県	京都府	山梨県	静岡県	埼玉県	沖縄県	栃木県	山梨県
	7位	神奈川県	奈良県	沖縄県	京都府	静岡県	東京都	千葉県	群馬県
	8位	鳥取県	大分県	鹿児島県	島根県	大阪府	長野県	三重県	宮城県
	9位	石川県	山形県	石川県	埼玉県	滋賀県	静岡県	茨城県	栃木県
	10位	岐阜県	静岡県	福井県	福井県	福島県	群馬県	青森県	島根県
ワーストテン	38位	北海道	栃木県	東京都	徳島県	栃木県	香川県	大分県	滋賀県
	39位	福岡県	山口県	広島県	大分県	宮城県	山口県	京都府	大阪府
	40位	和歌山県	鳥取県	岩手県	兵庫県	佐賀県	鹿児島県	鹿児島県	山口県
	41位	愛媛県	大阪府	徳島県	奈良県	山形県	愛媛県	沖縄県	長崎県
	42位	大阪府	高知県	香川県	秋田県	和歌山県	長崎県	長崎県	大分県
	43位	徳島県	長崎県	福岡県	福岡県	山梨県	宮崎県	広島県	北海道
	44位	宮城県	福島県	青森県	長崎県	新潟県	大分県	大阪府	佐賀県
	45位	青森県	岩手県	高知県	宮城県	青森県	島根県	高知県	沖縄県
	46位	高知県	秋田県	長崎県	北海道	秋田県	徳島県	北海道	香川県
	47位	沖縄県	青森県	大阪府	沖縄県	鳥取県	高知県	福岡県	徳島県

(出所)寺島実郎監修,日本総合研究所編[2012]と『月刊プレジデント』2013年4月29日号のデータを基に,筆者作成.

気になると健康とはいえない 病気にかからず,活動的な日々を送れることが,幸福の第1条件といえるだろう.

この両者をマトリクス化したのが,幸福度/平均寿命(**図3-14**)である.日本人にとって,寿命が長いことは幸福につながると考えることは,容易に想像できる.図からも,両者の傾向は明らかであり,長く生きることは幸福の第1条件といえる.特に,日本の中心である中部,関東の都県が,幸福度も平均寿命のいずれも高い傾向にある.

図3-14　幸福度／平均寿命

(出所) 筆者作成.

中部：長野県，福井県，富山県，岐阜県，石川県，静岡県

関東：東京都，神奈川県，千葉県　　　関西：滋賀県

b. 平均寿命と1人当たり老人医療費の関係

　平均寿命と医療費をマトリクスに展開すると，全面に万遍なく広がり両者に相関関係は見当たらない.

4つの特徴的なエリアとしては，

- 平均寿命が長く医療費の少ない理想的な「健康エリア」は，長野県，山形県，静岡県，千葉県等である.
- 医療費は少ないが平均寿命も短い「医療不十分エリア」は，岩手県，青森県，秋田県，福島県の東北地方と，栃木県，茨城県の北関東に多い.
- 平均寿命は長いが医療費も多い「医療頼みエリア」は，広島県，京都府，

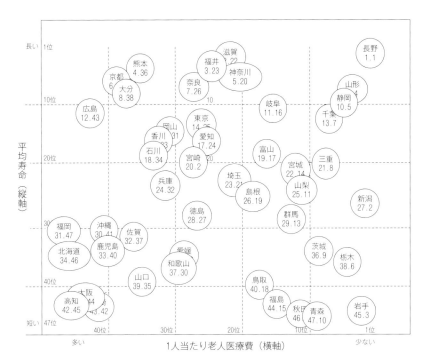

図3-15　平均寿命／1人当たり老人医療費

(出所) 筆者作成.

大分県，熊本県である．
・医療費が多いのに平均寿命が短い「最悪エリア」は，高知県，長崎県，大阪府などが該当する．

「平均寿命」と「1人当たり老人医療費」との関係は多くの示唆に富んでいる．医療体制や運動への取組みなど，都道府県別の自治体や住民意識の差が，このように大きな結果となって表れている（図3-15）．

図3-15に示されている「最悪エリア」に入る自治体は，多額の医療費を使いながら平均寿命に結びつかない，無為無策な危険エリアである．一方，健康エリアは医療費が少ないにもかかわらず，平均寿命の長いモデル的なエリアであ

る．この両者の違いは大きい．高齢者医療費の窓口負担引き上げが話題になっているが，医療に頼らない健康的な生き方をめざすために何をすべきか，モデル自治体に学ぶ謙虚さが必要だ．フィットネス産業の目的の1つは，「多額な医療費を削減し，人々が健康で幸福な生活をおくる社会の実現」にある．その意味からも，この図から学ぶことは大きい．健康エリア以外の都道府県は，医療費削減と長寿社会の両立という困難な課題に，果敢に挑戦すべきである．

健康エリアのモデルは長野県，特に佐久地域の取組みは顕著だ．国保で全国平均が28.7万円／年（09年）に対し，長野県は26.4万円，佐久地域は24.9万円と▲13.2％低い．また，後期高齢者は全国平均88.2万円／年に対し，長野県は74.5万円，佐久地域は70.4万円と全国に比べ▲20.2％も低い．佐久総合病院の色平哲郎医師は，漬物など塩分が好きで，裕福でもなく，温暖でもない長野県の平均寿命が一番になった要因は，「予防」にあると話している．「予防は治療に勝る」を半世紀以上も前から愚直に取り組んできた成果だという．

幸福な国の共通点

幸福な国の上位に入るスイスやブータンは，長野県の環境によく似ている．共通点は以下の3点である．

a. 厳しい自然環境

標高3000～4000mの山々がそびえるこれら地域は，交通の便が悪く，狭く痩せた土地，冬季は寒冷地だ．山や谷や川や木々は自然のものであって，決して人間だけのものではない．多くの動物や植物が生きるため何が一番大切か分っている．人々は長い歴史の中で，気候のバランス，洪水，がけ崩れ，火災などと厳しく向き合い生きる術を培ってきた．

b. 自立性が高い

歴史的にも小国は外部から攻撃されやすく，強国の圧政を強いられた経緯がある．長野県は北に上杉，東に武田，南からは織田に攻められ，常に戦場にさらされた．スイスも神聖ローマ帝国やオーストリア帝国の侵略から独立し，傭

兵を派遣する苦しみを乗り越えて，永世中立国として自立性がある誇り高い民族である．

c. 強い地域コミュニティ

　山岳地域では，厳しく苦しい生活を強いられる．お金や科学では解決できない価値，例えば信仰，家族，コミュニティなど古来人類社会を支えてきた価値のほうが優先する．医療機関に頼るより，病気にならない習慣や生活を確立しているのではないかと思われる．加えて，地域に古くから伝わる行事や祭事が強い人間関係を築き，相互扶助と他人に優しい人柄を創っている．

　これらの地域は，昔から自給自足が原則であり，長年培った厳しい自然と共生する生き方を備えている．自然を恐れ，自然を敬い，自然を大切にし，人間の限度をおのずから知っている．幸福とは，心の持ち方ひとつである．お金や財産，地位や名誉，愛情や健康など，人間の欲望は限界を知らない．人の幸福とは，自分の限度を適確に知ることではないかという気がする．それは自惚れたり，自己満足に浸るとは違い，自分にちょうど良い塩梅（あんばい）を知ることである．つまりは，「人生のバランスをどこでとるか知る」ことではないかと思う．

幸福とは

　幸福とは何かを追求するのは難しい．それは物理的なもの，金銭的なものだけではなく，精神的なもの，人生観などが複雑に入り組むからであろう．大きな家や土地を持ち，お金を沢山貯金し，世界を動かす権力を持っていても，幸福とは思わない人もいる．一方，貧しい山村の小さな家で，美味しい空気や水が溢れ，きれいな山々をみながら自然の中で周辺の田畑で獲れるものを食し，お金はなくとも家族が健康で平和に暮らしている人の中には，多くの人が幸福だと感じている．

　2010年4月内閣府による国民生活選好度調査で「幸福度」が発表された．これによると，幸福感で重視することは健康69.7％，家族66.4％，家計65.4％（複数回答可）である．

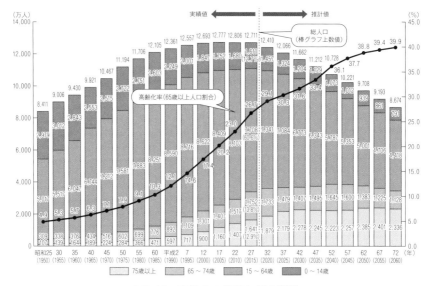

図3-16　高齢化の推移と将来設計

(注) 1950年～2010年の総数は年齢不詳を含む．高齢化率の算出には分母から年齢不詳を除いている．
(資料) 2010年までは総務省「国勢調査」，2015年は総務省「人口推計（平成27年国勢調査人口速報集計による人口を基準とした平成27年10月1日現在確定値）」，2020年以降は国立社会保障・人口問題研究所「日本の将来推計人口（平成24年1月推計）」の出生中位・死亡中位仮定による推計結果．
(出所) 内閣府「平成28年版高齢社会白書」．

　やはり，健康は幸福の最も重要な要件である．フィットネス産業に従事し，直接健康に貢献できる事業に携わることは非常に幸せなことといえる．この幸福感を大切にしたい．そして，この事業をもっと大切に育てなければならないと思う．

　幸福の要件とは，フィットネス事業を広め，参加者を増やし，人々が健康な生活を送ることである．健康になるためには，仕事に従事し，十分に歩き，野菜を多くとることが関連している．医療費を抑え，「後世に負の遺産を残さない」ことが我々の役目である．そのためにもフィットネス事業は重要であるといえる．

フィットネス業界の可能性

　日本の予想される課題は多い．幸福や長寿という人間の本質的課題にとどま

"課題先進国"ニッポン

(1) 少子高齢化→・生産人口減少（2010年8,174万人→2030年6,773万人）
　　　　　　　　・高齢者（※65歳以上）増加（2010年23％→2030年31.6％）
(2) 財政問題　→・2012年公的債務14兆1,870億ドル、GDP比240％
　　　　　　　　・税収40兆円・歳出90兆円
(3) 国際競争力の弱化→・2013年国際競争力ランキングWEF9位／IMD24位
　　　　　　　　　　・2012年1人あたりGDP10位（OECD加盟国34カ国中）
(4) 国際貢献力の低下→貧困国・紛争国・新興国へのサポート力の低下
(5) 人間力の低下→IT化によるストレス過多，単身世帯化による"つながり"の喪失，食品の安全性の問題，放射能汚染・PM2.5等による環境破壊，アニマルスピリットの喪失，疾病率の上昇，ひきこもり〜うつ・認知症発症

 解決できるのは、スポーツ・フィットネス

図3-17　日本の予想される課題

（出所）株式会社クラブビジネスジャパン「リクルートフェア説明資料2017」より．

らず，現実的にも医療費や介護問題，人口減少や財政破綻など直面する問題・課題は山積している．これらの問題解決に，安全で，安価で，継続的に，負荷が少なく，貢献できるのがフィットネス産業だといえる．

　フィットネス業界が更に大きく成長していくためには，より顧客志向のマーケティングやオペレーションの標準化，人材育成などを徹底するとともに，これまでとは異なる事業モデルやスキームにも挑戦してイノベーションを起こすことが求められる．事業モデルの転換，コンセプトの明確化，新たな集客手法の確立，客単価アップにつながるサービスの開発，ITやAIの活用といったことに果敢に取り組んでいかなければならない．

　ものの見方や考え方を整理するときに大切なことは、「本質的」「中長期的」「多面的」の3つの視点を持つことだといわれている．いかなる事案も本質的なところから掘り返し，中長期的な視点に立って結論を導き，より多面的な視点から検討を加えることにある．

　日本におけるフィットネスクラブは，約半世紀前の東京オリンピック競技大会を契機として誕生した．この当時，現在のスポーツ・フィットネス業界の隆盛を予想した人はまだ少なかった．しかし，高齢化社会の到来，健康・医療の

重要性などを見通していた人は数多くいた．とりわけ，「団塊の世代」を発表した堺屋太一は，高齢化による社会や経済における様々な問題点を鋭く指摘していた．2020年には日本における2回目の東京オリンピック・パラリンピック開催が決定している．重要なことは，この後の50年間にどのような変化が起こるのか，3つの視点で見通してもらいたい．分かっていることは，団塊の世代はいなくなり人口が大きく減少するだろうということだ．これからは，フィットネス業界だけの狭い視野から転じ，海外情勢，社会経済動向，人口変動などグローバルな視点から多面的な見方で，スポーツ・フィットネス全体を見通す力が必要となることだろう．

注
1）フィットネス業界の動向については，フィットネスビジネス編集部『リクルートマガジン2018新卒向け』2017年3月15日発行をもとに筆者作成．

参考文献

阿部生雄［2009］『近代スポーツマンシップの誕生と成長』筑波大学出版会．

厚生労働省［2015］「平成27年国民健康・栄養調査結果の概要」．

櫻井康夫［2015］『フィットネスビジネスの本質』サクライスポーツ企画．

笹川スポーツ財団［2016］『スポーツライフ・データ』．

スポーツ庁・経済産業省［2016］「スポーツ未来開拓会議中間報告」．

総務省統計局［2016］「平成28年社会生活基本調査」．

寺島実郎監修，日本総合研究所編［2012］『日本で一番いい県　都道府県別幸福ランキング』東洋経済新報社．

ドラッカー，P.F.［2001］『マネジメント［エッセンシャル版］――基本と原則――』（上田惇生訳），ダイヤモンド社．

内閣府［2010］「平成22年国民生活選好度調査」．

内閣府［2016］「平成28年版高齢社会白書」．

博報堂 こそだて家族研究所［2016］「小学生ママの"子どもの習い事・身に付けさせたい

スキルレポート」．

フィットネス産業協会（FIA）［2016］「フィットネスクラブの価値が正しく生活者に伝わるようにするための調査研究 第2弾」．

ACSM［2017］"Survey Predicts Top20 Fitness Trends for 2017".

Physical activity Council［2017］"2017 Participation Report".

United Nations（Gallup World Poll）［2016］"World Happiness Report 2016".

おわりに
——ITと映画——

　コンピュータなどのデジタル技術を取り上げた映画で有名なのは，スタンリー・キューブリック監督の「2001年宇宙の旅」（原題「2001：A Space Odyssey」）（1968年）である．惑星探査船の頭脳であるコンピュータ「HAL」が人間の心まで読み取る能力を身に付ける．やがて，乗員の生命を奪うなどの反乱を起こす．まさにAI（人工知能）の世界を予測したSF作品となっている．古典SF映画としては，1926年フリッツ・ラング監督の「メトロポリス」（Metropolis）が挙げられる．西暦2000年代の未来都市を舞台に，金属製の邪悪なロボット「マリア」が都市を混乱に陥れる．1984年には，娯楽大作である「ターミネーター」（原題「TERMINATOR」）が公開される．人工知能「スカイネット」が指揮する機械軍によって人類は絶滅の危機を迎えるが，抵抗軍の指導者である主人公が中心となり反撃するというストーリーだ．登場するロボットは非常に暴力的な存在であった．

　欧米では，ロボットが人間を脅かす暴力的な存在として描かれることが多かったが，日本では，「鉄腕アトム」や「ドラえもん」のように人類と共生する作品が多かった．最近では，映画「A.I.」（2001年）やアニメ「ベイマックス」（2014年）のように，人間からの愛を求めたり友情を育んだりと，パートナーのように共生する存在として描かれている．

　インターネットなどのデジタル技術による第3次産業革命を迎え，映画でもITを取り上げられている．1995年，Windows95の発売によってインターネットが一般家庭に急速に普及し，社会現象ともなったこの年に，アーウィン・ウィンクラー監督が「ザ・インターネット」（原題「The Net」），イアン・ソフトリー監督が「サイバーネット」（原題「Hackers」）を発表している．現在でもしばし

ばインターネットを題材にしたサスペンス映画が筆頭に挙げられている．

　最近では，IT企業家を題材とした作品が多い．Facebookの創始者マーク・ザッカーバーグの半生を描いた映画「ソーシャルネットワーク」（原題「THE SOCIAL NETWORK」）（2010年）や，アップルの創設者，スティーブ・ジョブズの生涯を描いた映画「スティーブ・ジョブズ」（原題「Steve Jobs」）（2013年）がある．いかにしてIT企業を大企業まで押し上げていったかを小気味よいストーリーで展開している．

　実話に基づくエピソードを脚色する伝記的映画が多かったが，SNS企業そのものを舞台にしたサスペンススリラー映画「ザ・サークル」（原題「The Circle」）が2017年に公開されている．エマ・ワトソンが主人公メイを，名優トム・ハンクスがカリスマ経営者ベイリーを演じている．

　おそらくGoogleをモチーフした映画であろう．米国サンフランシスコ州シリコンバレーにある巨大IT企業「Google」本社へは筆者も2017年9月に訪問している．広大な敷地に，開放的な空間が広がっていた．ペットと散歩する家族連れや観光客が多く見られ，どの人が社員なのかがあまり判別できなかった．オフィスというよりもキャンパスと呼ぶ方がふさわしい場所だった．筆者が訪問したオフィス棟の受付横には，滑り台が設置されていた．単なるオブジェだと思っていたが，社員が滑り台

Google本社

オフィス棟の受付横にある滑り台

から滑り降りてきた時には驚いた．

　ギャヴィン・フッド監督が2016年に制作した「アイ・イン・ザ・スカイ　世界一安全な戦場」(原題「Eye in the Sky」)では，ドローンによる戦争の実用化と，そこから派生する倫理的な問題の両方を検証している力作である．テロリストを遠隔地から暗殺できる機会が到来した場合，誰が決断を下すのかが大きな課題となった．従来の戦争では，常に戦地の将軍は攻撃するか否かを決断する立場にあった．しかし，コンピュータ化された戦争では，映像が即座に世界中にいる全員のパソコンに送ることができるため，立場の異なる人々が現場に口を挟むことになる．決断を下すのは，ロンドンにいる将軍か，米国にいる将軍か，政治家か，ケニアにいる司令官かが大きな争点となってくる．さらに，巻き添え被害者の問題が浮上してくる．こうした標的破壊を議論しているのは，現場ではなく，各国にある安全な会議なのである．ちなみに，標的を狙撃する兵器もドローンから発射できるため，狙撃手も米国内の基地にいるので無人機が担うのである．邦題のサブタイトルになっている「世界一安全な戦場」とは皮肉を込めてよく言い当てている．ITを活用する危険性をよく理解できた．

　同時に，倫理観の育成が重視されなければならないと強く感じた．デジタルという明確に表現できるものほど，倫理や感性というアナログ的な人間の多様性が求められることになる．ITというか，IoTやAIを含めた現在のデジタル時代においては，スポーツの倫理性を活かしたモラル教育はより活用されるべきである．そのために，スポーツマンシップは大いに貢献できることができると考える．

　軍事用ドローン（無人機）を使用した「世界一安全な戦場」は映画の世界の話だけだったが，現実の世界でも多発してきそうな気配である．米国政府が軍事用ドローン（無人機）などの防衛装備品の輸出拡大に動いている．従来の規制では軍事用ドローンの輸出先は，英国，フランス，イタリアの3カ国に限られていたが，トランプ大統領は，「同盟国の要請があれば，すぐに装備品を入手できるようにする」と強調した．ドローンなどの高度な軍事装備品の輸出に

慎重だったオバマ前政権からの方針転換を明言している．軍事装備品の輸出が拡大すれば，第3国との関係を強化しようとしている中国に対抗できると同時に，雇用が生まれ投資が増える．その一方で，軍需産業の利益重視姿勢が強まれば，武器の悪用や拡散につながるリスクもある．

現実社会における物騒な話は御免被りたい．映画の世界だけで楽しむ程度が丁度良い．オリンピックムーブメントを記述している者としては，世界平和を希求していきたい．

2018年（平成30年）9月
平成最後となる年の夏を終えて

相 原 正 道

《執筆者紹介》

相 原 正 道（あいはら　まさみち）[はじめに，第１章，おわりに]

　1971年生まれ．筑波大学大学院体育科学研究科スポーツ健康システム・マネジメント専攻修了．現在，大阪経済大学人間科学部教授．

主要業績

『ロハス・マーケティングのスヽメ』木楽舎，2006年．『携帯から金をつくる』ダイヤモンド社，2007年．『現代スポーツのエッセンス』晃洋書房，2016年．『多角化視点で学ぶオリンピック・パラリンピック』晃洋書房，2017年．『スポーツマーケティング論』（共著），晃洋書房，2018年．『スポーツガバナンスとマネジメント』（共著），晃洋書房，2018年．

庄 子 博 人（しょうじ　ひろと）[第２章]

　1982年生まれ．早稲田大学大学院スポーツ科学研究科博士後期課程修了，博士（スポーツ科学）．現在，同志社大学スポーツ健康科学部助教．

主要業績

「日本版スポーツサテライトアカウント作成の検討」『スポーツ産業学研究』27（2），2017年．「日本版スポーツサテライトアカウント作成の検討　その２――日本と欧州の経済統計の違いおよびスポーツ産業定義に着目して――」（共著），『スポーツ産業学研究』28（3），2018年．「わが国スポーツ産業の経済規模推計――日本版スポーツサテライトアカウント――」日本政策投資銀行地域企画部・同志社大学，2018年．

櫻 井 康 夫（さくらい　やすお）[第３章]

　1948年生まれ．東京教育大学（現：筑波大学）体育学部卒業．グンゼスポーツ株式会社　元代表取締役社長．現在，スポーツジャーナリスト（2010年より経営情報誌『フィットネスビジネス』（株）クラブビジネスジャパン，編集担当），大阪経済大学講師．

主要業績

『フィットネスビジネスの本質』サクライスポーツ企画，2015年．

SPORTS PERSPECTIVE SERIES 3
スポーツ産業論

| 2018年11月10日　初版第1刷発行 | ＊定価はカバーに表示してあります |

	著　者	相　原　正　道
		庄　子　博　人　ⓒ
		櫻　井　康　夫
	発行者	植　田　　　実
	印刷者	出　口　隆　弘

著者の了解により検印省略

発行所　株式会社　晃　洋　書　房

〒615-0026　京都市右京区西院北矢掛町7番地
電　話　075(312)0788番㈹
振替口座　01040-6-32280

装丁　野田和浩　　　印刷・製本　㈱エクシート

ISBN978-4-7710-3098-5

JCOPY 〈(社)出版者著作権管理機構委託出版物〉
本書の無断複写は著作権法上での例外を除き禁じられています.
複写される場合は,そのつど事前に,(社)出版者著作権管理機構
(電話 03-3513-6969, FAX 03-3513-6979, e-mail: info@jcopy.or.jp)
の許諾を得てください.

相原正道・林恒宏・半田裕・祐末ひとみ 著
スポーツマーケティング論
A 5 判 128頁
1,500円（税別）

相原正道・上田滋夢・武田丈太郎 著
スポーツガバナンスとマネジメント
A 5 判 138頁
1,700円（税別）

相原正道 著
多角化視点で学ぶオリンピック・パラリンピック
A 5 判 216頁
2,500円（税別）

相原正道 著
現代スポーツのエッセンス
四六判 220頁
2,500円（税別）

菊本智之 編著／前林清和・上谷聡子 著
スポーツの思想
A 5 判 168頁
2,200円（税別）

一般社団法人アリーナスポーツ協議会 監修／大学スポーツコンソーシアムKANSAI 編
ASC叢書1　大学スポーツの新展開
――日本版NCAA創設と関西からの挑戦――
A 5 判 214頁
2,400円（税別）

川上祐司 著
メジャーリーグの現場に学ぶビジネス戦略
――マーケティング、スポンサーシップ、ツーリズムへの展開――
四六判 184頁
1,900円（税別）

二杉 茂 著
コーチのミッション
四六判 214頁
1,900円（税別）

関 めぐみ 著
〈女子マネ〉のエスノグラフィー
――大学運動部における男同士の絆と性差別――
A 5 判 236頁
4,600円（税別）

クラウディア・パヴレンカ 編著／藤井政則 訳
スポーツ倫理学の射程
――ドーピングからフェアネスへ――
A 5 判 238頁
3,800円（税別）

晃　洋　書　房